Dieter Krowatschek

177mal Spaß im Unterricht

**Eine Auswahl lustiger, spannender, pfiffiger,
kreativer Spiele für Schulklassen und Gruppen**

Dieter Krowatschek

177mal Spaß im Unterricht

Eine Auswahl lustiger, spannender, pfiffiger, kreativer Spiele für Schulklassen und Gruppen

Gestaltung der graphischen Symbole:
Guido Keiner

borgmann

Wichtiger Sicherheitshinweis: *Alle hier vorgeschlagenen Übungen und Spielideen wurden von Autor und Verlag sorgfältig erwogen und geprüft. Dennoch erfolgt ihre Durchführung auf eigene Gefahr und entbindet die/den Übungsleiter/in nicht von der Beachtung individueller Gefahrenmomente und der Planung entsprechender Sicherungsmaßnahmen.*

Eine Haftung des Autors bzw. des Verlages und seiner Beauftragten ist ausgeschlossen.

Aus Gründen der Übersichtlichkeit hat der Autor in den Spielvorschlägen die Begriffe „Spielleiter, Lehrer, Spieler etc." verwendet. Er weiß natürlich, daß dieses Buch von vielen Spielleiterinnen, Lehrerinnen und Spielerinnen benutzt wird. Sie sollen keinesfalls in irgendeiner Form diskriminiert werden. Ausschlaggebend waren ausschließlich gute Lesbarkeit und Verständlichkeit.

© 1996 borgmann publishing GmbH, 44139 Dortmund

2. Aufl. 1997

Gesamtherstellung: Löer Druck GmbH, Dortmund

Gestaltung der graphischen Symbole: Guido Keiner
Titelfoto: Klaus Kamm
Fotos: Dieter Krowatschek

Bestell-Nr. 8378   ISBN 3-86145-100-X

Inhalt

Vorwort

Dieses Buch gehört in Ihre Schultasche, Ihren Aktenkoffer oder in Ihr Fach genauso wie Ihr Notenbuch oder Ihr Terminkalender. Es soll Sie in den 177 Tagen Unterricht eines Schuljahres begleiten, damit Unterricht und Schule wieder (oder noch mehr) Spaß machen. Die ausgewählten Spiele erfreuen sich bei Kindern und Jugendlichen außerordentlicher Beliebtheit. Es ist nicht ein einziges dabei, das nicht mehrfach in Schulklassen erprobt wurde. Alle Spiele haben sich im Rahmen des Unterrichts zur Erhöhung der Motivation, als vergnügliche Ergänzung, als belohnende Unterbrechung oder als konstruktive Alternative bewährt.

Natürlich sind sie für Vertretungsstunden, Klassenfahrten, Klassenfeste und Landschulheimaufenthalte bestens geeignet.

Die Spielvorschläge sollen vor allem unterstützen, daß Lernen vergnüglich sein kann, Spaß macht und daß Lehrkräfte nicht nur Stoff vermitteln, sondern vor allem auch Pädagogen sind.

Unterschiedlichste Lernziele können durch die Auswahl spielerisch gefördert werden:

Konzentration
Spannungsabbau
Denken und Gedächtnis
Reaktion und Geschicklichkeit
Kreativität und Phantasie
Beobachtung

Dabei wird bei jedem Spiel angegeben, welcher Bereich – neben anderen – **vor allem** gefördert werden soll.

Selbstverständlich unterstützen alle Spiele der Auswahl wichtige Bereiche des sozialen Lernens wie Kommunikation mit anderen, Befolgen von Regeln, Kooperieren, Akzeptieren von Mißerfolgen, Bearbeiten von Konflikten und Ausleben und Abbau von Aggressionen.

In die Auswahl wurden ganz bewußt viele Wettspiele aufgenommen, bei denen es Gewinner und Verlierer gibt. Wer unterrichtet, erfährt täglich, daß es für die jetzige Schülergeneration außerordentlich wichtig ist zu lernen, Fehler zu akzeptieren, zu verlieren und dennoch weiterzumachen. Der Umgang mit Mißerfolgen soll in spielerischer Form gelernt werden, genauso wie die Fähigkeit, sich mit anderen über ihre Erfolge freuen zu können. Dies fällt heute vielen Kindern schwer. Sie geben oft gleich auf und verweigern ihre Mitarbeit, nur weil sie einen kleinen Mißerfolg hatten. Von daher gibt es in diesem Buch bewußt nicht nur Spiele ohne Gewinner.

Aufgrund der beobachtbaren Zunahme von Verhaltensauffälligkeiten bei Kindern enthält die Auswahl auch viele Spielvorschläge, die dem Spannungsabbau dienen. Hier werden unter Umständen Aggressionen in vergnüglicher Form ausgelebt und abgebaut. Diese teilweise kurzen und einfach durchzuführenden Spiele sollten ganz regelmäßig in den Unterricht, der oft viel zu bewegungsarm ist, eingebaut werden.

Viele Spiele fördern und trainieren die Konzentration. Alle aber dienen der Erhöhung der Motivation für das Unterrichtsgeschehen. Untersuchungen kommen zu dem Ergebnis, daß 50 % der unkonzentrierten Kinder unmotivierte Kinder sind, weil sie den Unterricht als langweilig erleben.

Dem Schulalltag wird in besonderer Weise Rechung getragen. So besteht die Spielesammlung aus drei Teilen:

1. Spiele ohne Vorbereitung. Sie können jederzeit spontan im Unterricht oder in der Gruppe eingesetzt werden, wann immer man es will.

2. Spiele mit wenig Vorbereitung. Bei diesen Spielen werden Materialien benötigt, die zwar oft – aber eben nicht immer – in der Schule vorhanden sind. Von daher müssen sie mitgebracht werden. Günstig ist es, einen kleinen Utensilienkoffer (s. S. 65) anzulegen.

3. Spiele mit Vorbereitung. Hier handelt es sich eher um besonders beliebte Projekte für Unterricht und Freizeit. Es werden Vorschläge zur Durchführung von Schwarzem Theater und zur Förderung von Sprechen und Erzählen gemacht. Sind solche Projekte einmal vorbereitet, können sie immer wieder variiert und eingesetzt werden. Oft sind es für die SchülerInnen die Höhepunkte eines Schuljahres, so daß sich schon von daher die Vorbereitung lohnt.

Hundert Kinder der Klassen 3-6 haben angegeben, welche Spiele sie am liebsten machen. Dies ist die Grundlage einer „Hitparade der 10 beliebtesten Spiele im Klassenzimmer".

Wenn notwendig, werden zusätzliche methodische und pädagogische Hinweise gegeben. Die Beschreibungen der Spiele sind jedoch so angelegt, daß sie von allen LeserInnen direkt aus dem Buch übernommen werden können. Zusätzlich verdeutlichen Fotos und kleine Skizzen den Spielablauf.

Natürlich können die Spielvorschläge ohne Schwierigkeiten und ohne große Veränderung auch in Kinder- und Jugendgruppen oder therapeutischen Gruppen unterschiedlichster Ausrichtung mit Erfolg eingesetzt werden. Die meisten können auch problemlos in ganz unterschiedlichen Altersgruppen eingesetzt werden.

Symbole

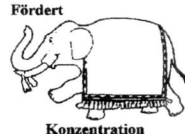

Fördert vor allem Konzentration: Die Aufmerksamkeit wird auf einen Vorgang fokusiert. Es wird spielerisch eingeübt, sich über einen längeren Zeitraum mit einer Sache zu beschäftigen.

Fördert vor allem Spannungsabbau: Diese Spiele werden dem Bewegungsdrang vieler Kinder gerecht. Wenn sie durch längere Arbeitsphasen angespannt sind, lockern sie sich mit diesen Spielen auf. Sie sollten fester Bestandteil des Unterrichts sein.

Fördert vor allem Denken und Gedächtnis: Im Rahmen der hier vorgestellten Spielideen wird das Nachdenken über Fragestellungen und das kurzfristige Speichern von Informationen praktiziert. Alle Sinnesorgane werden angesprochen.

Fördert vor allem Reaktion und Geschicklichkeit: Die Spiele setzen eine gewisse Geschicklichkeit im weitesten Sinne voraus. Sie ist aber nicht Bedingung. Sie eignen sich auch gut dazu, einzuüben, bei einem Spiel zu verlieren – bzw. sich mit anderen zu freuen, wenn sie gewinnen.

Fördert vor allem Kreativität und Phantasie: Die hier vorgeschlagenen Spiele bewirken, daß Kinder phantasievoll agieren, malen und denken. Die Spielideen sind so gestaltet, daß Flexibilität gefragt ist.

Fördert vor allem Beobachtung: Hier wird genaues Beobachten spielerisch trainiert. Unterschiedliche Sinnesorgane werden angesprochen.

Hitparade der 10 beliebtesten Spiele

1. Lehmann sagt: "Daumen wickel- wackel!"	33
2. Japanisch knobeln	28
3. Luftballon-Fußball	114
4. Willi-Club	62
5. Spiegelspiel	143
6. Verflixte Sieben	61
7. Dirigenten raten	19
8. Funken	22
9. Bierdeckelschlacht	68
10. Lebendes Mühlespiel	31

Fördert

Atom-
zertrümmerung

Spannungsabbau

ab Klasse 2 **Spielfläche** **alle**

Alle Kinder schwirren als Atome durch den Raum. Vielleicht nach Musik. Nach einigen Sekunden ruft der Spielleiter – am besten auf einem Stuhl stehend – eine Zahl in den Raum: „Vier". Es bilden sich nun Atome, die aus jeweils vier Kindern bestehen.

Wer nicht mehr in eine Gruppe paßt, ist als überzähliges Atom abgesprengt, scheidet aus und geht an seinen Platz zurück.

Danach schwirren die Atome wieder durch den Raum. Es wird eine neue Zahl gerufen. Übriggebliebene scheiden wieder aus. Das Spiel ist zu Ende, wenn nur noch zwei Atome übrigbleiben.

Dieses Spiel gibt Kindern die Möglichkeit, sich im Klassenraum zu bewegen. Es ist ein sehr dynamisches Spiel, das gerade unruhigeren Kindern beim Abbau ihrer Spannungen sehr entgegenkommt.

OHNE VORBEREITUNG

Dreier-Atome bilden sich.

OHNE
VORBEREITUNG

Fördert

Spannungsabbau

Ausflug ins Grüne

ab Klasse 1　　　　**Sitzordnung beliebig**　　　　**alle**

Der folgende Text wird vorgelesen oder erzählt. Dabei werden zur Untermalung des Textes bestimmte Bewegungen gemacht. Die Kinder machen sie mit:

„Heute machen wir eine kleine Wanderung. Wir stellen uns vor, wir wohnen in einem kleinen Häuschen auf dem Land inmitten einer grünen Wiese.

Da gehen wir also zunächst über einen Wiesenweg (alle streichen die Innenflächen der beiden Hände aneinander hin und her).

Nun haben wir die Wiese überquert und gelangen auf einen festen Weg. Das können wir gut hören (alle Kinder klatschen im Takt auf die Oberschenkel).

Hier können wir etwas schneller gehen (alle tun es), aber nicht laufen!

Unten im Tal ist eine Holzbrücke. Wenn wir sie betreten, hören wir es auch wieder (alle klopfen mit den Fäusten auf die Brust in der Nähe der Schulterknochen, wo es hohl klingt).

Nun sind wir wieder auf dem Wiesenweg (alle streichen wieder die Innenflächen der beiden Hände aneinander hin und her). Aber jetzt kommt eine Asphaltstraße (alle klatschen im Takt in die Hände).

Die Straße windet einen steilen Berg hinauf, und wir laufen immer langsamer.

OHNE VORBEREITUNG

Endlich sind wir oben und wollen uns umschauen. Das geht nicht; es sind zu viele Bäume da. Da müssen wir hinaufklettern (Kletterbewegungen der beiden Hände bis hoch in die Luft).
Was für eine tolle Sicht wir jetzt haben!
Aber, was kommt denn da? Ein Löwe!
Schnell wieder abwärts klettern (alle tun es)!
Im Eilmarsch die Asphaltstraße hinunter (Hände klatschen!),
jetzt über den festen Weg (Schenkel),
und schließlich wieder über den Wiesenweg (Hände streichen), bis wir in Sicherheit sind.
Der Phantasie sind keine Grenzen gesetzt. Wenn man die Bewegungen kann, bietet es sich an, eigene Geschichten zu erzählen, vielleicht sogar andere Kommandos hinzuzufügen.
Der Spielleiter muß nicht unbedingt den Text auswendig können, sollte aber die Kommandos sicher vermitteln können.

OHNE VORBEREITUNG

Fördert

Spannungsabbau

Begrüßungs-kanon

| ab Klasse 1 | Sitzordnung beliebig (Kreis gut) | alle |

Bei diesem Spiel handelt es sich nicht um einen gesungenen Kanon, sondern um einen Bewegungskanon, mit dem man sich begrüßen kann.

Zum Einüben
- stampft jedes Kind 4x mit den Füßen auf den Boden,
- schlägt sich 4x auf die Oberschenkel,
- klatscht 4x in die Hände,
- springt auf und ruft 4x „Morgen, Morgen, Morgen, Morgen (in Norddeutschland: Moin).

Dies wird einige Mal eingeübt, bis es jedes Kind kann.
Dann wird die Klasse in vier Gruppen aufgeteilt (oder das Kollegium während einer Konferenz) und das ganze Spiel wie ein Kanon durchgeführt: Es beginnt die 1. Gruppe mit dem Stampfen, danach setzt die 2. Gruppe ein, die 1. Gruppe klatscht nun, jetzt folgt die 3. Gruppe etc., so daß ein „Begrüßungskanon" entsteht.

Das Spiel macht außerordentlich viel Spaß. Es eignet sich gut als dynamische Übung zu Beginn einer Stunde oder zur Auflockerung. Spannungen werden ganz spielerisch abgebaut.

| OHNE VORBEREITUNG | |

Fördert

Chaos der Tierlaute

Spannungsabbau

ab Klasse 3   **Kreis**   **alle**

Die Kinder selbst bereiten so viele Zettel vor, wie Spieler da sind. Sie schreiben auf jeweils vier Zettel unterschiedliche Tiere aus einer Tierfamilie, z.B.:

- Hahn, Henne, Küken, Huhn
- Schwein, Sau, Ferkel, Wildschwein
- Fohlen, Schimmel, Reitpferd, Pony
- Dackel, Schäferhund, Pudel, Jagdhund
- Kuh, Bulle, Kalb, Stier
- Katze, Kater, Kätzchen und nochmals Katze

Man kann aber auch auf jeweils vier Zettel das gleiche Wort schreiben, z.B. viermal Esel, Schaf, Uhu, Ziege.
Die Spieler bilden einen großen Kreis. Jeder erhält verdeckt einen Zettel. Sie dürfen keinem anderen sagen oder zeigen, was auf ihrem Zettel steht.
Und wenn nun der Spielleiter das Startzeichen gibt, entsteht ein Wirrwarr an Tierlauten. Denn jeder Spieler gibt den Laut seines Tieres von sich. Durch das Bellen, Wiehern und Grunzen kann jeder Spieler rauskriegen, welche vier Spieler zu seiner Tierfamilie gehören. Sieger ist die Tierfamilie, die sich zuerst gefunden hat.

OHNE VORBEREITUNG

Fördert

Dirigenten raten

Beobachtung

ab Klasse 4　　　　　　　　**Kreis**　　　　　　　　**alle**

Die Klasse sitzt im Kreis. Ein Kind wird kurz vor die Tür geschickt. Wenn es hereinkommt, erfährt es, daß hier im Kreis ein berühmtes Orchester sitzt. Die Aufgabe des Kindes ist es, den Dirigenten zu finden.

Der stumme Dirigent gibt pantomimisch an, welches Instrument gespielt werden soll. Natürlich darf nun nicht jeder nach dem Dirigenten schielen, dann hätte es der Ratende zu leicht. Jeder beobachtet den Dirigenten ganz unauffällig. Dieser beginnt z.B. mit Klavierspielen, bläst nach einiger Zeit Zugposaune und alle machen mit. Man kann auf die Pauke hauen, sämtliche Streichinstrumente spielen, Flöte oder Dudelsack spielen etc.

Wichtig ist, daß der Wechsel des Instrumentes unauffällig geschieht. Ist der Dirigent erraten, kann das nächste Kind vor die Tür gehen. Ein neuer Dirigent wird ausgesucht und das Raten beginnt erneut.

OHNE VORBEREITUNG

Fördert

Familie Pritzelwitz

Spannungsabbau

ab Klasse 2 **Kreis** **alle**

Alle Spieler werden zunächst der Familie Pritzelwitz zugeordnet.
Der eine wird Opa Pritzelwitz, der andere Oma Pritzelwitz, der dritte
Vater Pritzelwitz, der vierte Mutter Pritzelwitz (Tochter, Sohn, Hund,
Onkel, Tante, Schwiegermutter usw.) Dann erzählt der Leiter eine
frei erfundene Geschichte, in der die Mitglieder der Familie Pritzelwitz vorkommen. Wer dabei genannt wird, muß sich flink erheben,
einmal um seine Achse drehen und sich wieder hinsetzen. Der Spielleiter kann aber auch eine ganze Gruppen aufrufen: „Die Verwand-
ten der Familie Pritzelwitz!" oder „die Kinder Pritzelwitz!" oder gar
die „Familie Pritzelwitz" insgesamt.
Wenn das Spiel mit einer lustigen Geschichte verbunden und gut
durchgeführt wird, ist es eine sehr lustige, dynamische Übung.

**OHNE
VORBEREITUNG**

Fördert

Feuer, Wasser, Erde, Luft

Spannungsabbau

ab Klasse 5   **Kreis**   **alle**

Die Lehrkraft, dann aber auch ein Kind als Spielleiter – ruft einen Mitspieler auf: „Susanne – Wasser mit Q".

Diese muß jetzt ein Tier nennen, das mit Q anfängt und im Wasser lebt: „Qualle".

Oder Erde mit F – ein Tier, das mit F beginnt und auf der Erde lebt – „Faultier".

Oder Luft mit B – ein Tier, das in der Luft lebt und mit B beginnt – „Bussard".

Ruft der Spielleiter „Feuer", müssen alle aufspringen und sich einen anderen Stuhl suchen.

Wer übrigbleibt, muß nun nach Lebewesen in Wasser, Luft und auf der Erde fragen und darf mit „Feuer" alle durcheinanderjagen.

Dies ist eines der Spiele, bei denen es vorkommen kann, daß vor allem bei den Jüngeren immer wieder ein Kind bei dem Kommando „Feuer" nicht einen neuen Platz sucht, sondern wie wild im Kreis herumläuft, um als Letztes übrigzubleiben, weil es gern selbst die Kommandos geben möchte. Kommt dies vor, sind die Spielregeln zu ändern: Wer übrigbleibt, scheidet aus, sitzt im Kreis und bildet praktisch ein „Hindernis" für die anderen, wenn die Plätze getauscht werden.

OHNE VORBEREITUNG

Fördert

Funken

Konzentration

ab Klasse 4   **Kreis**   **alle**

Die Spieler sitzen im Kreis. Es wird durchgezählt, so daß jeder eine Nummer erhält.

Ein „Hauptfunker" beginnt das Spiel, indem er die Hände in Kopfhöhe hebt, mit den Daumen die Schläfen berührt und die übrigen Finger, zum Zeichen, daß er auf Sendung ist, rasch hin- und herbewegt (vibriert). Sofort werden die beiden neben ihm sitzenden Mitspieler zu „Nebenfunkern".

Sie müssen, die dem Hauptfunker zugekehrte Hand ebenfalls an die Schläfe legen und mit den Fingern vibrieren. Alle drei miteinander sind eine Funkstation.

Der Hauptfunker sendet nun ein Telegramm: „Nummer 1 ruft Nummer 15". Während er sendet, unterstützen ihn die Nebenfunker. Nummer 15 ist angefunkt und gibt jetzt ein Telegramm weiter (wieder mit den Nebenfunkern): „Nummer 15 ruft Nummer 7". Wer sich verspricht oder etwas falsch macht, scheidet aus. Er kann dann auch nicht Nebenfunker sein. Nebenfunker ist dann jeweils der nächste, der noch nicht ausgeschieden ist.

OHNE VORBEREITUNG

Fördert

Gordischer Knoten

Spannungsabbau

ab Klasse 5　　　　　**Kreis**　　　　　**nicht über 25**

Alle Mitspieler stehen im Kreis und strecken ihre Hände in die Mitte. Dann greift jeder nach zwei Händen, jedoch nicht nach denen des unmittelbaren Nachbarn und nicht mit beiden Händen nur die Hände eines einzigen Teilnehmers.

Wenn jede Hand eine andere gefunden hat, besteht die Aufgabe darin, den entstandenen Knoten zu entwirren, ohne die Hände dabei wieder loszulassen, bis zum Schluß alle einen Kreis bilden.

OHNE VORBEREITUNG

**Fördert
Reaktion und
Geschick-
lichkeit**

Irrgarten

ab Klasse 5   **Kreis**   **2 mit allen**

Zwei Spieler werden bestimmt. Die restlichen Spieler stellen sich in parallel zueinander laufenden Reihen auf. Sie sollen so weit voneinander entfernt sein, daß ihre ausgestreckten Hände einander berühren. Zwischen den Reihen ist jeweils der gleiche Abstand.

Spieler A soll Spieler B fangen. Die Spieler dürfen nur innerhalb der von den anderen gebildeten Gasse laufen. Ist Spieler A nun Spieler B gefährlich nahe, so kann letzterer laut „linksrum" oder „rechtsrum" rufen, und alle anderen Spieler vollführen eine Vierteldrehung in die angegebene Richtung. Aus den Längsgassen werden Quergassen und umgekehrt.

**OHNE
VORBEREITUNG**

Der Irrgarten in Aktion ...

OHNE VORBEREITUNG	

**Fördert
Reaktion und
Geschick-
lichkeit**

Ja-und-Nein-
Spiel

ab Klasse 1	Sitzordnung beliebig	10 Kinder jeweils als Paare gegeneinander

Es können 5 Jungen und 5 Mädchen mitspielen. Sie stehen sich
gegenüber und bilden ein Paar.
Skizze

Ja-Stuhl	Nein-Stuhl	
🪑	🪑	
☻	☺	Paar 1
☻	☺	Paar 2
☻	☺	Paar 3
☻	☺	Paar 4
☻	☺	Paar 5

Ein Paar wird aufgerufen. Es bekommt eine einfache Frage gestellt
Diese ist entweder mit „Ja" oder mit „Nein" zu beantworten. Wenn
sie mit „Ja" zu beantworten ist, geht es für die beiden Spieler des

OHNE VORBEREITUNG	

Paares darum, möglichst als erster auf dem „Ja"-Stuhl zu sitzen. Wer zuerst auf ihm sitzt, bekommt für seine Partei einen Punkt. (Wenn beide gleichzeitig auf den Stuhl zurennen, genügt es, die Hand auf den Sitz zu legen).

Ist die Frage mit „Nein" zu beantworten, beginnt das Rennen um den „Nein"-Stuhl. Die Fragen sind so auszuwählen, daß sie jeder mit wenig Nachdenken beantworten kann.

Die Fragen bitte dem Alter der Klasse anpassen!

Hier einige Beispiele für unterschiedliche Altersstufen:

Paar 4   Ist Wasser naß?
Paar 2   Ist eins plus eins sieben?
Paar 5   Ist Sanella ein Schönheitsmittel?
Paar 1   Zählt der Esel zu den Säugetieren?
Paar 3   Liegt der Bodensee auf einer Insel?
Paar 2   Ist Schillers Glocke von Goethe?
Paar 4   Steht die dicke Zehe am linken Fuß rechts?
Paar 3   Hat Helmut Kohl das Radio erfunden?
Paar 1   Liegt das Siebengebirge auf dem Drachenfels?
Paar 5   Ist der 22. Dezember drei Tage vor Weihnachten?
Paar 4   Ist der Steinbock ein Sternbild?
Paar 3   Kann man im Abendland die Sonne aufgehen sehen?
Paar 2   Ist die Suppenterrine eine Köchin?
Paar 5   Hat die Woche mehr als 24 Stunden?
Paar 1   Kann das richtig sein, wenn einer Feilchen am Anfang mit F   schreibt?

Gewonnen hat natürlich die Partei, die nach 15 oder 20 Fragen die meisten Punkte hat.

Das Spiel kann ohne Schwierigkeiten mit einfachen Fragen schon in der 1. Klasse gespielt werden (siehe Fragen 1 und 2).

OHNE VORBEREITUNG

Fördert

Japanisch knobeln

Spannungsabbau

ab Klasse 3   **Kreis**   **alle**

Zwei Kinder spielen gegeneinander. Sie stehen sich gegenüber, verschränken die Arme, verbeugen sich voreinander und drehen sich einmal um sich selbst und in dem Moment, in dem sie wieder vor ihrem Gegenspieler stehen, stellen sie entweder ein Mütterchen, einen Löwen oder einen Jäger pantomimisch dar.
Drei Rollen können also gespielt werden:

- „Mütterchen", es geht gebeugt auf einen Stock, ist alt und müde,
- „Löwe", er hält die Tatzen hoch und faucht,
- „Jäger", er hält das Gewehr im Anschlag.

Wenn nun die einzelnen Rollen aufeinander treffen, wird folgendermaßen entschieden:
Der Löwe frißt das Mütterchen – der Löwe spielt weiter, der Jäger tötet den Löwen – der Jäger spielt weiter, der Jäger schießt versehentlich auf das Mütterchen – das Mütterchen spielt weiter.
Haben beide Spieler zufällig die gleiche Rolle gewählt, so begrüßen sie sich löwen-, jäger- oder mütterchenmäßig und beginnen noch einmal.
Der Gewinner spielt mit dem nächsten Kind im Kreis.
Japanisch Knobeln ist ein Spiel, bei dem in kurzer Zeit viele Kinder mitspielen können.

Tip: Wer dreimal hintereinander gewonnen hat, bekommt keine Hausaufgaben !! (kommt aber selten vor).

OHNE VORBEREITUNG

Fördert

Denken und
Gedächtnis

Kleine Rätsel
über Tiere

ab Klasse 1   **Sitzordnung beliebig**   **alle**

Wie heißt ihr Junges?

Schaf (Lamm)   Sau (Ferkel)   Henne (Küken)
Stute (Fohlen)   Hündin (Welpe)   Kuh (Kalb)

Wer gibt welchen Laut?

Wer trompetet?   Wer piepst?
(Der Elefant)   (Die Maus)
Wer brummt?   Wer schnattert?
(Der Bär)   (Die Ente)
Wer brüllt?   Wer kräht?
(Der Löwe)   (Der Hahn)
Wer röhrt?   Wer gackert?
(Der Hirsch)   (Das Huhn)
Wer wiehert?   Wer klappert?
(Das Pferd)   (Der Storch)
Wer meckert?   Wer gurrt?
(Die Ziege)   (Die Taube)
Wer blökt?   Wer summt?
(Das Schaf)   (Die Biene)
Wer grunzt?   Wer zirpt?
(Das Schwein)   (Die Grille)
Wer bellt?   Wer quakt?

OHNE
VORBEREITUNG

(Der Hund)   (Der Frosch)
Wer schnurrt?   Wer zischt?
(Die Katze)   (Die Schlange)

Wie bewegen sich die Tiere fort?

Wer watschelt?   Wer kriecht?
(Die Ente)   (Die Schnecke)
Wer galoppiert?   Wer fliegt?
(Das Pferd)   (Der Vogel)
Wer krabbelt?   Wer klettert?
(Der Käfer)   (Das Eichhörnchen)
Wer springt?   Wer schwimmt?
(Das Reh)   (Der Fisch)
Wer hoppelt?   Wer hüpft?
(Der Hase)   (Das Känguruh)

OHNE VORBEREITUNG

Fördert

Denken und Gedächtnis

Lebendes Mühlenspiel

ab Klasse 5 **Kreis** **2 Mannschaften mit je 3 Kindern**

Neun Stühle werden in drei Reihen aufgestellt. Zwei Parteien zu je 3 Mann stellen sich einander gegenüber.

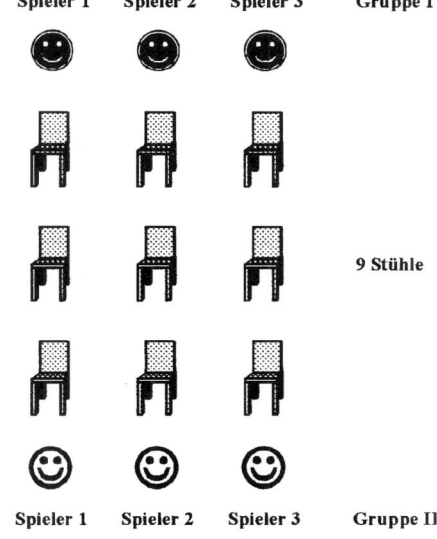

Das Anfangen wird ausgelost. Spieler 1 der ersten Mannschaft setzt sich auf einen Stuhl. Jetzt ist der Spieler 1 der Gegenmannschaft an der Reihe. Er setzt sich ebenfalls auf einen Stuhl. Und so geht es im Wechsel weiter.

OHNE VORBEREITUNG

Jede Mannschaft versucht durch Besetzen von 3 Stühlen nebeneinander, hintereinander oder in der Diagonale, eine Mühle zu erhalten und dadurch das Spiel für sich zu entscheiden. Die Reihenfolge der Spieler beider Parteien muß unbedingt eingehalten werden. Die Spieler können sich beraten, wie sie „ziehen" – bzw. wie sie sich setzen – wollen.

Wer zuerst eine Mühle hat, ist Sieger.

Um gewinnen zu können, muß jedes Kind taktisch vorausdenken.

Variante:

Während des Spieles darf nicht beraten werden, wo sich der jeweilige Spieler hinsetzen soll.

OHNE
VORBEREITUNG

Fördert

Lehmann sagt: „Daumen wickel-wackel!"

Konzentration

ab Klasse 1   **Kreis**   **alle**

Die Kinder sitzen im Kreis. Die unterschiedlichen Kommandos werden erläutert:

„Daumen wickel-wackel" – man wackelt mit den beiden Daumen auf dem jeweiligen Oberschenkel hin und her,

„Daumen hoch" – beide Daumen werden hoch gestreckt,

„Daumen tief"- beide Daumen werden nach unten gehalten.

Die Kommandos werden allerdings nur dann durchgeführt, wenn vorher **„Lehmann sagt"** hinzugefügt wird.

Zum Beispiel:

„Lehmann sagt: Daumen wickel-wackel!"

Alle wackeln mit den Daumen auf den Oberschenkeln.

„Lehmann sagt: Daumen hoch!"

Alle strecken die Daumen hoch.

„Lehmann sagt: Daumen tief!"

Jetzt werden die Daumen nach unten gehalten.

Ruft die Lehrkraft nur „Daumen wickel wackel!" usw., dann darf nichts geschehen, denn es wurde ja vorher nicht „Lehmann sagt" ausgesprochen. Man führt als Spielleiter natürlich alle Kommandos durch, um die anderen Mitspieler zu verwirren.

Wer einen Fehler macht, scheidet in der jeweiligen Spielrunde aus.

Das Kind, das am Schluß übrig bleibt, erhält eine kleine Belohnung.

Dauert das Spiel zu lange, ist es günstig, einzelne Kinder zu fixieren, da ihnen dann leichter ein Fehler unterläuft.

OHNE VORBEREITUNG

Lehmann sagt: „Daumen hoch ...!"

OHNE VORBEREITUNG	

Fördert

Denken und Gedächtnis

Meine Tante aus Amerika ist zu Besuch

ab Klasse 2 **Tischgruppen** **alle in Gruppen**

Die Kinder bilden Kleingruppen von 4-6 Kindern.

Ein Kind beginnt: „Meine Tante aus Amerika ist zu Besuch, sie hat einen Sonnenschirm mitgebracht." Dabei hebt es den Arm hoch, so als würde es einen Sonnenschirm halten.

Diese Mitteilung wird im Kreis von Kind zu Kind weitergesagt. Wer die Mitteilung erfahren hat, hält den Arm ebenfalls hoch, so als würde er einen Sonnenschirm halten.

In der zweiten Runde sagt jetzt das nächste Kind: „Meine Tante aus Amerika ist zu Besuch. Sie hat einen Sonnenschirm und einen Waschlappen mitgebracht."

Zum Halten des Sonnenschirms kommt jetzt noch die Bewegung des Waschens des Gesichtes dazu (mit der anderen Hand).

In der dritten Runde hat sie einen Schaukelstuhl mitgebracht, in dem man mit dem ganzen Körper hin- und herschaukelt.

In der vierten Runde folgt die Nähmaschine, die mit den Füßen getreten wird.

In der fünften Runde schließlich noch der Papagei, der „Lora" ruft und in der letzten Runde sagt dann jedes Kind: „Meine Tante aus Amerika ist da, sie hat einen Sonnenschirm mitgebracht, einen Waschlappen, einen Schaukelstuhl, eine Nähmaschine und einen Papagei."

Danach beendet das erste Kind: „Meine Tante aus Amerika ist wieder abgereist und hat alles wieder mitgenommen." Das Spiel kann dann für alle gleichzeitig abgebrochen werden, oder diese neue Nach-

OHNE VORBEREITUNG

richt wird von Spieler zu Spieler weitergesagt, so daß einer nach dem anderen mit den Bewegungen aufhört.

Es ist natürlich auch möglich, daß sich die Kinder völlig andere Bewegungen ausdenken.

OHNE VORBEREITUNG

Fördert

Beobachtung

Mimische Kette

ab Klasse 4   **Kreis**   **4-6 Kinder vor der Klasse**

4-6 Mitspieler werden ausgewählt. Einer der Mitspieler bleibt im Raum. Die anderen gehen vor die Tür.

Ihm wird eine kleine Szene pantomimisch vorgespielt (anfangs günstigerweise durch die Lehrkraft): z.B. wie ein Baby aus dem Kinderwagen genommen und trockengelegt wird. Man knotet die Windelschnur auf. Die schmutzigen Windeln werden entfernt und fliegen in einen Eimer. (Wohlgemerkt, alles nur pantomimisch!) Es duftet nicht gut, und man zieht die Nase kraus. Das Baby wird gewaschen, abgetrocknet und auf ein Kissen gelegt. Dann holt man aus dem Schrank frische Windeln und legt sie auf. Das Baby wird gepudert, in die Windeln eingeschlagen, gewickelt und endlich wieder in den Wagen gelegt, nicht ohne daß man ihm vorher zulächelt und es streichelt.

Das Kind, das im Raum geblieben ist, holt nun eines der anderen Kinder herein und spielt die Szene diesem Kind vor. Dieses wird aufgefordert, gut aufzupassen, weil es nun die ganze Szene dem Nächsten, der hereingerufen wird, vorspielen muß.

So geht es weiter, bis auch das letzte Kind gespielt hat. Meistens läßt schon der zweite Vorspieler wesentliche Szenenteile aus oder verändert sie unfreiwillig, was viel Heiterkeit auslöst. Und am Schluß erkennt man kaum noch, um was es geht. Jetzt dürfen alle berichten, was sie gespielt haben. Der Letzte fängt an.

OHNE VORBEREITUNG

Vorschläge für kleine pantomimische Szenen:

- Ein Pferd wird aus dem Stall geführt, gestriegelt, erhält ein Stück Zucker und wird wieder in den Stall gebracht.

- Ein Mann klebt Plakate an eine Litfaßsäule oder Plakatwand

- Ein Feuerwehrmann bekämpft einen Brand.

- Der Schornsteinfeger reinigt den Kamin.

Die Szenen müssen nach dem ersten Versuch nicht immer von der Lehrkraft vorgespielt werden. Dies können auch Kinder übernehmen, die Spaß haben, pantomimisch zu agieren. Natürlich ist es besonders wünschenswert, wenn sich die Kinder selbst Szenen ausdenken.

OHNE
VORBEREITUNG

Neun Denkaufgaben für die rechte Hirnhälfte

ab Klasse 4   **Sitzordnung beliebig**   **alle**

Die Lösung der folgenden Denkaufgaben unterscheidet sich von üblichen, linearen Denkprozessen, bei denen ein Problem Schritt für Schritt logisch gelöst wird.

Die folgenden Denkaufgaben können auf diese Art und Weise nicht bearbeitet werden. Vielmehr muß der Rater sich gerade von diesem Prozeß lösen – von daher heißen die Aufgaben auch Denkaufgaben für die „rechte" Hirnhälfte. Sie können rein zufällig oder durch unorthodoxes, kreatives Denken gelöst werden.

Die einzelne Geschichte wird vorgelesen. Die Schüler stellen Fragen, die mit „ja" oder „nein" beantwortet werden können. Die Fragen dürfen sich jedoch nicht auf Lösungsvorschläge beziehen.

Lösungsvorschläge können nur gesondert gemacht werden.

Der Mann im Aufzug

Ein Mann lebt im 10. Stock eines Hochhauses. Jeden Morgen, wenn er seine Wohnung verläßt und zur Arbeit will, fährt er mit dem Fahrstuhl bis zum Erdgeschoß. Abends aber – wenn er von der Arbeit kommt – fährt er nur bis zum 7. Stock und geht die restlichen Stockwerke bis zu seiner Wohnung im 10. Stock die Treppe hinauf. Warum tut er das?

OHNE VORBEREITUNG

Lösung: Bei dem Mann handelt es sich um einen Zwerg. Er kann den Knopf für das Erdgeschoß im Fahrstuhl ohne Schwierigkeiten erreichen. Den Knopf für den 10. Stock kann er nicht erreichen. Er kommt gerade noch an den Knopf für den 7. Stock. Deshalb fährt er abends nur bis zum 7. Stock.

Fünf Stück Kohle, eine Karotte und ein Schal

Auf einer Wiese liegen 5 Stück Eierkohle, eine Karotte und ein Schal. Niemand hat sie auf die Wiese gelegt und dennoch gibt es eine logische Erklärung, warum sie hier liegen. Wie sieht sie aus?

Lösung: Kinder haben die Gegenstände benutzt, als sie einen Schneemann bauten. Inzwischen ist der Schneemann geschmolzen und die fünf Stück Kohle, die Karotte und der Schal sind auf der Wiese liegengeblieben.

Die beiden Mitglieder eines Kegelclubs

Zwei Mitglieder eines Kegelclubs warten vor dem Eingang der Gastwirtschaft „Die goldene Neun". Das eine Mitglied ist der Vater des Sohnes des anderen Mitgliedes. Wie kann das sein?

Lösung: Sie waren Mann und Frau.

Der Mann, der sich erhängte

Nicht weit von Biedenkopf in einem kleinen Dorf steht eine große Scheune. Diese Scheune ist völlig leer – mit Ausnahme eines toten Mannes, der mitten in der Scheune an einem Haken hängt. Das Seil um seinen Hals ist 4 Meter lang und seine Füße hängen 90 cm über dem Boden. Die nächste Wand ist 7 Meter entfernt. Es ist nicht möglich, eine der Wände hochzuklettert und von da den Haken inmitten der Scheune zu erreichen. Und dennoch hat sich der Mann selbst erhängt. Wie hat er das gemacht?

Lösung: Er kletterte auf einen Eisblock, der langsam schmolz.

OHNE
VORBEREITUNG

Der taubstumme Taxifahrer

Ein Marburger Taxifahrer hatte als Fahrgast eine Dame, die als Nervensäge bekannt war. Da er keine Lust hatte, sich mit ihr zu unterhalten, zeigte er auf seinen Mund und seine Ohren, um ihr klarzumachen, daß er taubstumm wäre. Als sie bei der gewünschten Adresse angekommen waren, zeigte er auf das Taxameter, damit sie wußte, was sie zu zahlen hatte. Sie zahlte und stieg aus. Dann fiel ihr auf, daß er nicht taubstumm gewesen sein konnte. Woher konnte sie dies wissen?

Lösung: Er mußte gehört haben, wohin sie fahren wollte, sonst hätte er sie nicht an der richtigen Stelle absetzen können.

Der Traum

Der Geschäftsführer eines Warenhauses hatte gerade seinen Dienst angetreten, als einer seiner Angestellten in sein Büro platzte und aufgeregt berichtete, daß er in der letzten Nacht geträumt habe, daß in der Lebensmittelabteilung des Kaufhauses eine Bombe deponiert sei, die genau um 12 Uhr Mittag explodieren und einen riesigen Brand auslösen würde.

Der Geschäftsführer war zunächst skeptisch, aber dann entschloß er sich doch, in der Lebensmittelabteilung zu suchen. Und tatsächlich inmitten der Obstabteilung wurde eine Bombe entdeckt. Die Polizei wurde gerufen, die Bombe entschärft und eine Tragödie abgewendet. Der Geschäftsführer dankte dem Angestellten ganz herzlich und überreichte ihm eine Belohnung – aber dann entließ er ihn.

Der Angestellte hatte die Bombe nicht gelegt. Sein Traum hatte eine Katastrophe abgewendet und doch hatte der Geschäftsführer recht, ihn zu entlassen? Warum?

Lösung: Der entlassene Angestellte war der Nachtwächer des Warenhauses. Er hatte in der Nacht geschlafen, sonst hätte er seinen Traum nicht berichten können. Dies war der Entlassungsgrund.

OHNE VORBEREITUNG

Im Tierladen

Ein Tierladen bot Hunde als Sonderangebot an.
Zwei Männer betraten den Laden. Der erste legte einen Zehnmark-schein auf den Ladentisch und wollte einen Hund kaufen. Der Ver-käufer fragte, ob er einen Dackel, einen Pudel oder einen Schäfer-hund haben wolle. Er nahm einen Pudel.
Der zweite Mann legte auch zehn DM auf den Ladentisch und woll-te einen Hund kaufen. Der Verkäufer stellte keine Frage sonder gab ihm gleich einen Schäferhund. Der Mann bedankte sich und ging. Woher wußte der Verkäufer, daß der Mann einen Schäferhund ha-ben wollte?

Lösung: In dem Laden hing eine Preisliste: Dackel 8,- DM, Pudel 9,- DM, Schäferhund 10,- DM. Der erste Kunde legte einen Zehn-markschein auf die Ladentheke. Mit diesem hätter er jeden der drei Hunde kaufen können, deshalb mußte der Verkäufer fragen, wel-chen Hund er haben wollte. Der zweite Kunde legte ein Fünfmark-stück und fünf einzelne Markstücke auf den Ladentisch. Jetzt wuß-te der Verkäufer sofort, daß er einen Schäferhund haben wollte, sonst hätte er weniger Geld hingelegt, da er den Kaufpreis ja passend hatte.

Der Kaffeetrinker

In einem Restaurant beschwerte sich ein Gast, daß in seinem Kaf-fee eine Fliege sei. Der Ober nahm den Kaffee mit und kehrte mit einer neuen Tasse wieder. Der Mann probierte den Kaffee und be-schwerte sich, daß ihm der gleiche Kaffee – nur ohne Fliege – wie-der vorgesetzt würde.
Er hatte Recht – aber woher konnte er wissen, daß es der gleiche Kaffee war?

Lösung: Er hatte den Kaffee bereits vor seiner Beschwerde gesüßt. Als er jetzt den Kaffee probierte, wußte er, daß es derselbe Kaffee war.

OHNE VORBEREITUNG

Der geheimnisvolle Saunamord

Jeden Donnerstag Abend trafen sich vier Männer in der Sauna. Karl, ein Musiker, brachte seinen Walkman mit, damit er seine eigene Musik hören konnte. Dieter, ein Bankangestellter, hatte immer eine Thermoskanne mit einem erfrischenden Getränk bei sich. Heinz und Bernhard waren Rechtsanwälte und hatten immer ein Taschenbuch bei sich, in dem sie lasen. Eines Tages war die Sauna wieder einmal mit Wasserdampf so angefüllt, daß keiner den anderen sehen konnte. Nachdem sich der Nebel etwas gelegt hatte, fand man Heinz tot auf seiner Bank mit einer tiefen Wunde im Herzen liegen.
Die Polizei kam und untersuchte den Fall. Keiner hatte etwas Verdächtiges bemerkt. Keiner hatte etwas gesehen. Auch die Tatwaffe konnte nicht gefunden werden. Wie war der Mord möglich gewesen?

Lösung: Heinz war von Dieter, der in seiner Thermosflasche einen scharfen Eiszapfen mitgebracht hatte, ermordet worden. Der Eiszapfen war dann geschmolzen.

OHNE
VORBEREITUNG

Fördert

Spannungsabbau

Nordseewellen

ab Klasse 4   **Kreis**   **alle**

Zur Vorbereitung werden eine Anzahl von robusten Stühlen entsprechend der Anzahl der Mitspieler in Kreisform aufgestellt. Ein Spieler kommt in die Mitte. Sein Stuhl wird aus dem Kreis herausgenommen. Er muß sich einen neuen Platz suchen.

Um einen freien Stuhl zu finden, kann er folgende Kommandos geben:

„Backbord" – alle Spieler rutschen Platz für Platz nach links,

„Steuerbord" – alle Spieler rutschen Platz für Platz nach rechts oder

„Sturm" – alle müssen ihren Platz tauschen.

Während der Kommandos versucht der Spieler in der Mitte, einen Platz für sich zu ergattern.

Wer übrig bleibt, gibt die Kommandos und versucht nun selbst, einen freien Stuhl zu finden.

OHNE VORBEREITUNG

Fördert

Denken und Gedächtnis

Pfiffig und fix

ab Klasse 5   **Sitzordnung beliebig**   **hintereinander in Gruppen von 5-7 Kindern**

Zwei Gruppen spielen gegeneinander. Ein Kind der Gruppe 1 sitzt mit dem Rücken zur Tafel. Die anderen Kinder der Gruppe können die Tafel sehen.

Die Gruppe 2 schreibt vier Wörter an die Tafel.

Das Kind aus der Gruppe 1, das mit dem Rücken zur Tafel sitzt, muß die Wörter raten. Alle Mitspieler aus der Gruppe 1 dürfen dem Ratenden alle möglichen Tips geben, damit er das Wort schnell findet. Soll beispielsweise das Wort "Fußballschuhe" geraten werden, dürfen die Wörter „Fuß", „Ball" und „Schuhe" bei den Tips nicht verwendet werden.

Und schon geht es los! Für jedes geratene Wort – innerhalb von einer Minute – gibt es einen Punkt.

Und dann kommt die Gruppe 2 zum Raten dran – und die Gruppe 1 schreibt vier Wörter an die Tafel.

Das Spiel fördert Ausdruckfähigkeit, Kreativität im Umgang mit Sprache und viel Flexibilität im Denken. Es ist bei Kindern außerordentlich beliebt.

Beispiele für

leichtere Wörter   **schwierigere Wörter**

Bleistift   Handstand
Erbse   Winken
Porsche   Eishockeyspielen

OHNE VORBEREITUNG

Bundesbahn
Käse
Tischtennis
Haareschneiden
Stereoanlage

Beleidigung
Lippenstift
Kaugummi
Frost
Faulpelz

**OHNE
VORBEREITUNG**

Pinguin

Fördert Kreativität

ab Klasse 4   **Sitzordnung beliebig**   **alle**

Einige Kinder werden rausgeschickt. Das erste Kind kommt herein, man nennt ihm leise ein Tier, das es spielen und das die anderen raten sollen – z.B. „Storch".
Ist das Tier geraten, kommt das nächste Kind herein und spielt auch ein Tier vor.
Bevor allerdings das letzte Kind hereinkommt, gibt der Spielleiter folgende Anweisung: „Martin soll einen Pinguin darstellen. Aber wir wollen ihn tüchtig zappeln lassen. Ihr dürft alle Tiere, Vögel raten, bloß den Pinguin nicht."
Das Kind spielt jetzt vor, die anderen fordern es auf, noch deutlicher zu spielen und „raten" trotz deutlichster Darstellung nicht das richtige Tier. Ein bißchen Schadenfreude ist schon dabei.

OHNE VORBEREITUNG

Fördert

Prinzessin hat Kopfweh

Konzentration

ab Klasse 3   **Kreis**   **alle**

Ein Kind ist die Prinzessin und sitzt mitten im Raum. Sie hat die Augen verbunden und ein Tuch um den Kopf, weil sie Kopfweh hat. Die Prinzessin bittet, sie nicht zu stören, da sie „sooo" schreckliche Kopfschmerzen habe.

Man zeigt auf einzelne Mitspieler und einer nach dem anderen (hintereinander – keinesfalls gleichzeitig) aus dem Hofstaat versucht, sich leise anzuschleichen und die Prinzessin zu berühren.

Wenn die Prinzessin ein Geräusch hört, stöhnt sie auf: „Oooh!" und zeigt in die Richtung des Geräusches. Dann muß der Anschleichende, wenn er aus dieser Richtung kommt, sich sofort auf den Boden setzen und bildet dadurch zugleich ein Hindernis für die anderen Anschleichenden.

Wer die Prinzessin abschlägt, darf dann selbst Prinzessin sein.

Mit diesem Spiel kann das Leisewerden ganz spielerisch auf eine attraktive Weise eingeübt werden.

OHNE VORBEREITUNG

Reimwörter raten und spielen

Fördert Kreativität

ab Klasse 5   **Sitzordnung beliebig**   **einer mit allen**

Die Lehrkraft sucht ein Reimwort zu dem Wort „Zelt", aber nicht irgendein x-beliebiges Wort, sondern ein ganz bestimmtes.
Dieses soll geraten werden. Dabei darf das Reimwort nicht gesagt werden, es soll pantomimisch durch Mimik und Gestik, also durch Hand- bzw. Körperbewegungen und durch das Gesicht-Verstellen, dargestellt werden.
Zu dem Wort „Zelt" malt einer einen Globus mit der Hand. Die Spielleiterin sagt aber, daß es der Begriff „Welt" leider nicht sei.
Ein zweiter Spieler kriecht wie ein Hund auf allen Vieren und macht ab und zu den Mund weit auf. Wieder sagt sie, „bellt" ist es auch nicht. Ein dritter tut so, als ob er einen kleinen Gegenstand aus seiner Hosentasche und aus diesem wiederum etwas herausholt: Er macht die Bewegungen des Geld-Zählens und des Zahlens. Da sagt die Spielleiterin: Ja – „Geld" ist das gesuchte Reimwort.

Beispiele für Wörter und ihre Reimwörter

1. Wort	gesuchtes Reimwort
säen	nähen
Schlüssel	Rüssel
tun	ruhn
genießen	schließen
bauen	klauen
Korbsessel	Brennessel

OHNE VORBEREITUNG	

Sicht	Licht
haben	graben
Lasche	Tasche
klingen	singen
Hase	Nase
essen	messen
kriegen	siegen
Reis	Eis

Das Spiel kann auch von Kindern geleitet werden. Allerdings ist es günstig, sich vorher die jeweiligen Reimwörter sagen zu lassen, um evtl. hilfreich eingreifen zu können.

OHNE
VORBEREITUNG

Fördert

Denken und

Gedächtnis

Reise zum Mond

ab Klasse 1   **Kreis**   **alle**

Die Kinder sitzen im Kreis. Die Lehrkraft beginnt: „Wir machen zusammen eine Reise zum Mond. Ich nehme einen Socken mit." (Die Lehrerin heißt Susanne Müller).

Das nächste Kind im Kreis kommt jetzt dran usw. Jeder nimmt etwas mit. Die Lehrkraft sagt jedesmal, ob der richtige Gegenstand mitgenommen wurde oder nicht.

Das Geheimnis liegt darin: Die Gegenstände müssen mit dem Anfangsbuchstaben des Vornamens des jeweiligen Spielers beginnen.

Im Laufe der Zeit werden einzelne Kinder das „Geheimnis" entdekken.

Man kann dazu evtl. kleine Hilfen geben. Es wird solange gespielt, bis die Mehrheit der Kinder die Lösung gefunden hat.

Dabei ist in der Klasse 1 Voraussetzung, daß die Kinder die meisten Buchstaben kennen.

OHNE VORBEREITUNG

Fördert

Beobachtung

Schönes
langes Leben

ab Klasse 5   **Kreis**   **alle**

Dies ist ein schönes Ritual, durch das Kinder lernen können, Dinge, über die sie sich geärgert haben, auf eine relativ sichere Weise auszusprechen und andererseits Kritik ohne Verteidigungs- und Entschuldigungsreden entgegenzunehmen.

Wer gerade „Dampf ablassen" möchte, beginnt mit der folgenden Redewendung:

ICH WÜNSCHE DIR EIN SCHÖNES LANGES LEBEN!
(bleibt als Einleitungssatz immer gleich).

Man darf nun dem Kind, über das man sich geärgert hat, die Kritik mitteilen.
Beispiel: Susanne zu Stefan.
„Stefan, ich wünsche dir ein schönes langes Leben. Und ich ärgere mich, wenn du mich so oft auf dem Schulhof anrempelst".
Nun antwortet Stefan mit einem vorgegebenen Satz (an die Tafel schreiben).

ICH DANKE DIR, DASS DU MIR DAS GESAGT HAST. ABER ICH BIN NICHT AUF DER WELT, UM SO ZU SEIN, WIE DU MICH HABEN WILLST.

Jetzt beginnt das nächste Kind:
„ ..... Ich wünsche Dir ein schönes langes Leben! Aber mich stört an Dir ......"

**OHNE
VORBEREITUNG**

Das angesprochene Kind antwortet:
„Ich danke dir, daß du mir das gesagt hast, aber ich bin nicht auf der Welt, um so zu sein, wie du mich haben willst."
Das Spiel eignet sich auch bestens für Erwachsenengruppen (Konferenz!!).

OHNE
VORBEREITUNG

Fördert

Beobachtung

Schwarze Kunst

ab Klasse 2   **Kreis**   **1 Kind zusammen mit Lehrkraft**

Zaubermeister und Assistent sind ein eingespieltes Team. Um wieder einmal ihre Fähigkeiten unter Beweis zu stellen, verläßt der „Gehilfe" den Raum, während die anderen Spieler sich auf einen Gegenstand einigen, den er herausfinden soll. Der Assistent wird wieder hereingerufen und instruiert, daß er den Gegenstand erraten soll und der Zaubermeister nennt oder zeigt auf Gegenstände im Raum. Der Zaubergehilfe scheint ein Hellseher zu sein: Er verneint bei jedem Gegenstand, auf den der Zauberer zeigt, solange, bis der Zaubermeister auf den „richtigen" Gegenstand zeigt.

Lösung: Die Lösung liegt bei „schwarz". Der Zaubermeister nennt zunächst Gegenstände, die nicht schwarz sind, bis er irgendwann auf einen schwarzen Gegenstand zeigt. Das ist für den Assistenten das Signal, daß nach diesem Gegenstand der zu erratende folgt.
Natürlich können Zaubermeister und Gehilfe vorher auch andere Vereinbarungen treffen.

OHNE VORBEREITUNG

Fördert

Stille Post

Konzentration

ab Klasse 1   **Kreis**   **alle**
(Variante ab Klasse 3)

Die Spieler bilden einen Kreis.
Einer denkt sich ein Wort, das er seinem Nachbarn ins Ohr flüstert.
Dieser flüstert es dem Nächsten zu usw. Der Letzte sagt laut, was
bei ihm angekommen ist.

Variante:

Ein Kind steht im Kreis und hat die Aufgabe herauszubekommen,
wo das Telegramm gerade „übertragen" wird. Die Kinder sitzen im
Kreis und haben sich bei den Händen gefaßt. Das Telegramm wird
durch einen Händedruck, der unsichtbar sein sollte, übertragen.
Ein Spieler beginnt: „Ich schicke ein Telegramm zu ..... Abgeschickt."
Das Kind im Kreis versucht nun herauszubekommen, wo sich das
Telegramm befindet. Es kann auf einzelne Spieler deuten. Befindet
sich das Telegramm dann tatsächlich an dieser Stelle, nimmt der
Rater den Platz des Empfängers ein. Der Empfänger geht jetzt selbst
in die Mitte.

OHNE VORBEREITUNG	

Ist das Telegramm aber angekommen, ohne daß es bemerkt wurde, ruft der Empfänger: „Angekommen!" Er darf das nächste Telegramm versenden.

Die Variante erfordert viel Konzentration bei den Kindern und eine gute Beobachtungsgabe bei dem Kind in der Kreismitte. Ältere Kinder bevorzugen diese Variante und spielen sie mit Begeisterung.

OHNE
VORBEREITUNG

Fördert

Denken und
Gedächtnis

Teekessel
raten

ab Klasse 1　　　**Sitzordnung**　　　**2 Kinder vor**
　　　　　　　　　　beliebig　　　　　**der Klasse**

Eines der beliebtesten Gesellschaftsspiele ist das Teekesselraten. Woher der Name „Teekessel" kommt, weiß man nicht. Jedenfalls hat sich der Name „Teekessel" eingebürgert und ist ein Begriff geworden. Bekanntlich gibt es in jeder Sprache Wörter, die einen doppelten Sinn oder mehrere verschiedene Bedeutungen haben.

Unter „Teekessel" versteht man also ein Wort, das zwei oder noch mehr Bedeutungen hat wie Presse, Bank, Messe, Futter usw. Nach der üblichen Spielart vereinbaren zwei Kinder heimlich einen „Teekessel" und beginnen, ihn zu beschreiben, wobei sie statt des eigentlichen Wortes immer „Teekessel" sagen, z.B.:

„Mein Teekessel steht im Park. Mein Teekessel ist aus Holz. Auf meinem Teekessel kann man sitzen..."

Es kommt nun darauf an, treffende Beschreibungen des Teekessels zu geben, ohne ihn gleich zu verraten. Das gelingt den beiden vielleicht nicht immer.

Wer einen „Teekessel" weiß, sucht sich ein anderes Kind, hat das Wort einen dreifachen Sinn, nimmt er noch ein zweites Kind hinzu. Er teilt den Partnern das gefundene Wort mit und jeder Partner muß nun eine Bedeutung des Wortes vertreten.

Die anderen Spielteilnehmer sollen nun das Wort erraten, indem sie jedem Redner, der über die Eigenschaften seines Teekessels berichtet, genau zuhören, ohne ihn zu unterbrechen oder ihn befragen. Wer zuerst das richtige Wort erraten hat, ruft es aus und wird dadurch Sieger.

OHNE
VORBEREITUNG

Variante

Alle Mitspieler sollen den „Teekessel" auf treffende, aber nicht ver-
ratende Art beschreiben. Nur einer wird hinausgeschickt, bis man
sich auf einen Teekessel geeinigt hat. Dann wird er wieder herein-
gerufen, und die Beschreibung fängt an. Wer etwas weiß, meldet
sich, damit nicht alle durcheinander reden. Man kann auch reihum
etwas sagen lassen.
Mein Teekessel kommt in der Sprachlehre vor.
Ich denke an einen Kaffee-Teekessel.
Unsere Katze macht manchmal einen Teekessel.
Meine Mutter hat einen Teekessel Töpfe eingekauft.
Es gibt auch Teekessel-Zeichen.
Mein Teekessel ist wertlos und wird fortgeschüttet.
Zu jedem Teekessel gehört ein Teekessel-Gegenstand.
Auf einer Wanderung machten wir einen Teekessel über einen Gra-
ben.
Aus meinem Teekessel können Zigeunerinnen wahrsagen...

Der Teekessel heißt „Satz".

Beispiele für „Teekessel" (Tabelle anfertigen)

Presse	(Maschine, Zeitungswesen)
Wechsel	(Bank-, Wild-, Mondwechsel)
Absatz	(Schuh-, Warenabsatz)
Blatt	(Baum-, Buch-, Schulterblatt)
Birne	(Obst, elektrische Birne)
Schimmel	(an Speisen, Pferd)
Gericht	(Behörde, Speisen)
Kiefer	(Baum, Körperteil)
Schloß	(Burg, Türschloß)
Atlas	(Stoff, Kartenwerk, Gebirge)
Pflaster	(Straße, Wundverband)
Steuer	(Abgabe, Lenker)
Auflauf	(gebackene Speise, viel Volk)
Bremse	(am Fahrzeug, Insekt)
Futter	(Stoff, Tiernahrung)
Wirbel	(Wind, Trommel, Wirbelsäule)

OHNE
VORBEREITUNG

Horn	(Musik, Tier, Werkmaterial)
Bauer	(Vogelbauer, Landwirt)
Leiter	(Steiggerät, Führer)
Orden	(Kloster, Auszeichnung)
Kunde	(im Geschäft, Nachricht)
Strauß	(Vogel, Blumen, früherer Minister)
Maus	(Tier, Computermaus)

OHNE VORBEREITUNG

Fördert

To-ma-ten-
sa-lat

Spannungsabbau

ab Klasse 2   **Kreis**   **alle**

Die Kinder sitzen im Kreis, ein Kind geht vor die Tür. Es soll das Wort erraten, das alle Kinder gleichzeitig in Silben aufgeteilt, rufen werden.

Es soll z.B. das Wort „Tomatensalat" geraten werden.

Die im Kreis sitzenden Kinder werden in Gruppen geteilt. Gruppe 1 wird „To, to, to, to usw." rufen, Gruppe 2 „ma, ma, ma, ma, ma usw.", Gruppe 3 „ten, ten, ten, ten usw." – bis für jede Silbe des Wortes eine Gruppe eingeteilt ist.

Auf Kommando beginnen alle Gruppen gleichzeitig zu rufen. Sie schreien ihre Silbe solange, bis das Kind das gesuchte Wort geraten hat.

Dann kann das nächste Kind vor die Tür gehen, ein neues Wort wird in Silben aufgeteilt.

Je älter die Kinder – desto schwieriger die Wörter.

Anfangs sollten die Gruppen entsprechend der Reihenfolge der Silben nebeneinander sitzen. Später können die einzelnen Gruppen mit ihren Silben durcheinander sitzen, was das Erraten des Wortes erheblich erschwert.

Selbstverständlich können die Kinder sich selbst Wörter ausdenken.

OHNE VORBEREITUNG

Fördert

Verflixte
Sieben

Konzentration

ab Klasse 4   **Kreis**   **alle**

Es wird reihum von 1 bis 140 gezählt. Jedesmal, wenn eine 7 in der Zahl vorkommt (7, 17, 27 usw.) und wenn ein Mehrfaches von 7 kommt (14, 21, 28 usw.), sagt der, der an der Reihe ist, statt der Zahl nur: „Verflixt!" Wer es falsch macht, muß aufstehen und bis zum Ende des Spiels stehen bleiben, spielt und zählt aber weiter mit.

Vertut er sich wieder, muß er einen Arm ausstrecken, beim dritten Mal den anderen Arm oder auf einem Bein stehen. Spaß gibt es, wenn man bis 70 gekommen ist und nun zehnmal nacheinander „Verflixt!" gezählt werden muß. 77 ist natürlich „Verflixt, verflixt!"
Wer ohne Fehler bis hundert gekommen ist, fällt am Ende doch auf 105 oder 112 herein. Verflixt!

Variante

Bei Jüngeren kann das Spiel vereinfacht werden – z.B. wird nur „Verflixt" gesagt, wenn die Zahl eine 7 enthält. (7, 17, 27, 37, 47 usw.)

OHNE VORBEREITUNG

Fördert

Denken und Gedächtnis

Willi-Cub

ab Klasse 2   **Kreis**   **alle**

Im Willi-Fan-Club kann jeder Mitglied werden, der die Aufnahme-bedingungen erfüllt, nämlich zu wissen, was Willi mag und was er nicht mag. Man kann einige Beispiele geben: „Willi mag Suppe, aber keine Eier." Oder „Willi mag Ratten, aber er mag keine Mäuse. Er mag schwimmen, aber badet nicht gern."
Die anderen Spieler, die nun auch Mitglieder des Fan-Clubs werden wollen, versuchen herauszubekommen, was Willi noch alles mag und was er nicht mag. Sobald ein Spieler das System des Rätsels durch-schaut hat, wird er in den Club aufgenommen.

Lösung: Willi mag alle Sachen mit Doppelbuchstaben! Lösung nie verraten, sondern warten bis alle Kinder es selbst herausgefunden haben.

OHNE VORBEREITUNG

Fördert

Spannungsabbau

Zwei auf
einem Stuhl

ab Klasse 4 **Kreis** **alle in 2 Mannschaften**

Es werden 2 Mannschaften gebildet. Jede hat 2 Stühle. Diese werden an einem Ende des Raumes hintereinander aufgestellt.
Der erste Spieler jeder Mannschaft steigt auf den vorderen Stuhl. Er dreht sich um, nimmt den hinteren Stuhl auf, setzt ihn vor sich ab und stellt sich auf ihn, dreht sich wieder um, ergreift den Stuhl hinter sich usw. Die Aufgabe besteht nun darin, mit beiden Stühlen an das andere Ende des Raumes zu kommen, ohne sie verlassen zu haben.
Dies geschieht, indem die Spieler die beiden Stühle jeweils voreinander setzen, auf den vorderen klettern und dann immer den hinteren Stuhl wieder nach vorne stellen.
Dabei darf der Spieler nicht auf den Fußboden kommen, sonst muß von neuem gestartet werden. – Welcher der beiden Spieler hat die Strecke zuerst zurückgelegt (evtl. hin und zurück)?

Variante:

Statt eines Spielers können in jeder Mannschaft auch immer ein Zweier-Team starten (außerordentlich beliebte Variante).
Statt der Stühle können auch Schuhabstreifer, Pappkartons, Getränkekisten u.ä. verwendet werden.

OHNE VORBEREITUNG

Fördert

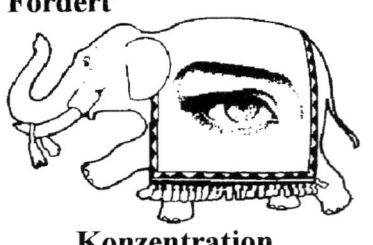

Zwinkern

Konzentration

ab Klasse 4   **Kreis**   **alle**

Alle Kinder sitzen im Kreis. Es wird abgezählt: 1, 2; 1, 2; usw., so
daß sich zwei Gruppen bilden. Jedes zweite Kind steht auf und stellt
sich hinter den Stuhl seines linken Nebenmannes.
Ein Spieler muß übrigbleiben. Er hat einen leeren Stuhl vor sich.
Er muß sich nun durch List oder Tücke ein anderes Kind herbei-
zwinkern. Er sucht sich ein Kind aus, zwinkert ihm verstohlen mit
den Augen zu und dieses Kind stürzt sich auf den freien Stuhl, wenn
nicht sein Hintermann es rechtzeitig festhält. Die Hintermänner müssen die Hände auf den Rücken legen und blitzschnell ihren sitzenden Vordermann an der Schulter festhalten. Wem dieser entschlüpft
ist, der ist dran mit „Zwinkern".
Nach einer Weile tauschen die Stehenden mit den Sitzenden die Plätze und die Zwinkerei geht lustig weiter.

**OHNE
VORBEREITUNG**

Fördert

Spannungsabbau

Äpfeltauchen

ab Klasse 3   **Kreis**   **alle in 2 Mannschaften**

Material: 2 Schüsseln mit Wasser, Äpfel oder Apfelstückchen in Anzahl der Spieler

Es werden zwei Schüsseln benötigt. In den Schüsseln läßt man im Wasser einige Äpfel schwimmen. Es ist auch möglich, daß nur Apfelteile verwendet werden.

In der Klasse werden zwei Mannschaften gebildet, die gegeneinander auf Zeit spielen. Das erste Kind jeder Mannschaft versucht nun, indem es die Hände auf dem Rücken hält, nur mit dem Mund einen Apfel zu fischen. Ist ihm dies gelungen, kommt das nächste dran.

Dieses Spiel kühlt die erhitztesten Gemüter ab.

	WENIG VORBEREITUNG	

Fördert

Autorennen

Spannungsabbau

| ab Klasse 4 | Kreis | alle in 2 Gruppen |

Material: 2 Tischtennisschläger (oder zwei feste Kartons in dieser Größe), 2 Tischtennisbälle

Die Klasse wird in zwei Gruppen aufgeteilt. Der jeweils erste Spieler jeder Gruppe steht am Rand der Spielfläche. Am Ende der freien Spielfläche steht ein Stuhl. Jeder Spieler versucht nun durch Wedeln ihr „Auto" (Tischtennisball) um den Stuhl herum wieder zurück zum Start zu wedeln. Der Tischtennisball wird durch den Wind gut getrieben, wenn man direkt hinter dem Ball wedelt. Der Ball darf nur durch Wedeln getrieben werden – nicht durch Berührung.
Variante:
Zwei Kinder spielen zusammen: Fahrer und Beifahrer. Der Fahrer fächelt das Auto bis zum Ziel und der Beifahrer zurück.

Oder es spielen 2 Gruppen zu je 4 Mann mit Tischtennisschlägern und einem Ball gegeneinander und jede Gruppe versucht, den Ball in das gegnerische Tor (Stuhl am Ende des Spielfeldes) zu fächeln.
Es ist wichtig, selbst vorzumachen, wie der Ball mit dem Tischtennisschläger bewegt wird. Das Wedeln erfordert bei Jüngeren doch etwas motorische Geschicklichkeit. Von daher empfiehlt sich eine Probephase, bevor die Autos an den Start gehen können.

| | WENIG VORBEREITUNG | |

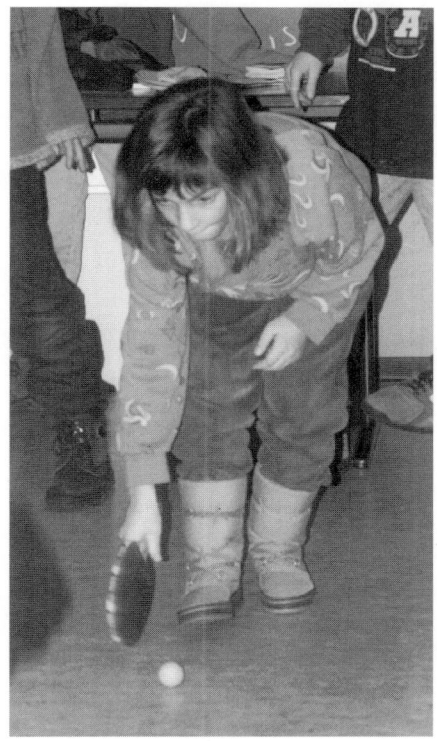

Ann-Kristin beim Autorennen

	WENIG VORBEREITUNG	

Fördert

Spannungsabbau

Bierdeckel-schlacht

ab Klasse 3   **Kreis**   **alle in 2 Gruppen**

Material: 200-300 Bierdeckel

Die Spielfläche wird in zwei Hälften aufgeteilt. Es ist günstig, die Mitte mit Klebeband zu markieren.

Die Klasse wird in zwei Hälften auftgeteilt, die Bierdeckel werden auf jede der beiden Gruppen verteilt.

Auf Kommando „Fertig los" werden die Bierdeckel von jeder Gruppe in das Feld der anderen geschmissen, gesammelt und wieder zurückgeworfen.

Dies erfolgt eine Minute lang, in der von jeder Gruppe immer wieder aufgesammelt und geworfen wird.

Nach der Minute werden in jedem Feld die Bierdeckel gestapelt. Die Partei, in deren Feld **weniger** Bierdeckel liegen, hat gewonnen.

Vor allem unruhigere Kinder können sich bei diesem Spiel ihrem Temperament entsprechend ausleben. Für sie ist die Bierdeckelschlacht ein absoluter Hit.

	WENIG VORBEREITUNG	

Bilder beenden

Fördert Kreativität

ab Klasse 1   **Tischgruppen**   **alle**

Material: Buntstifte oder Wachsmalkreiden und Vorlage in Klassenstärke

Eine der folgenden 10 Zeichenvorlagen wird in Klassenstärke kopiert. Bei dem Format Din A4 kann mit Buntstiften und bei dem Format Din A3 mit Wachsmalkreiden gemalt werden.

Jedes Kind erhält ein Blatt und hat die Aufgabe, die Bildvorlage zu ergänzen und zu beenden.
Danach kann man sich die Bilder gemeinsam ansehen oder eine kleine Ausstellung machen.
Sie können aber auch erläutert werden. Welche Geschichte erzählen sie?
Vielleicht erfolgt auch eine Prämierung der originellsten Ideen?

	WENIG VORBEREITUNG	

Zeichne Deine Lehrerin / Deinen Lehrer !

	WENIG VORBEREITUNG	

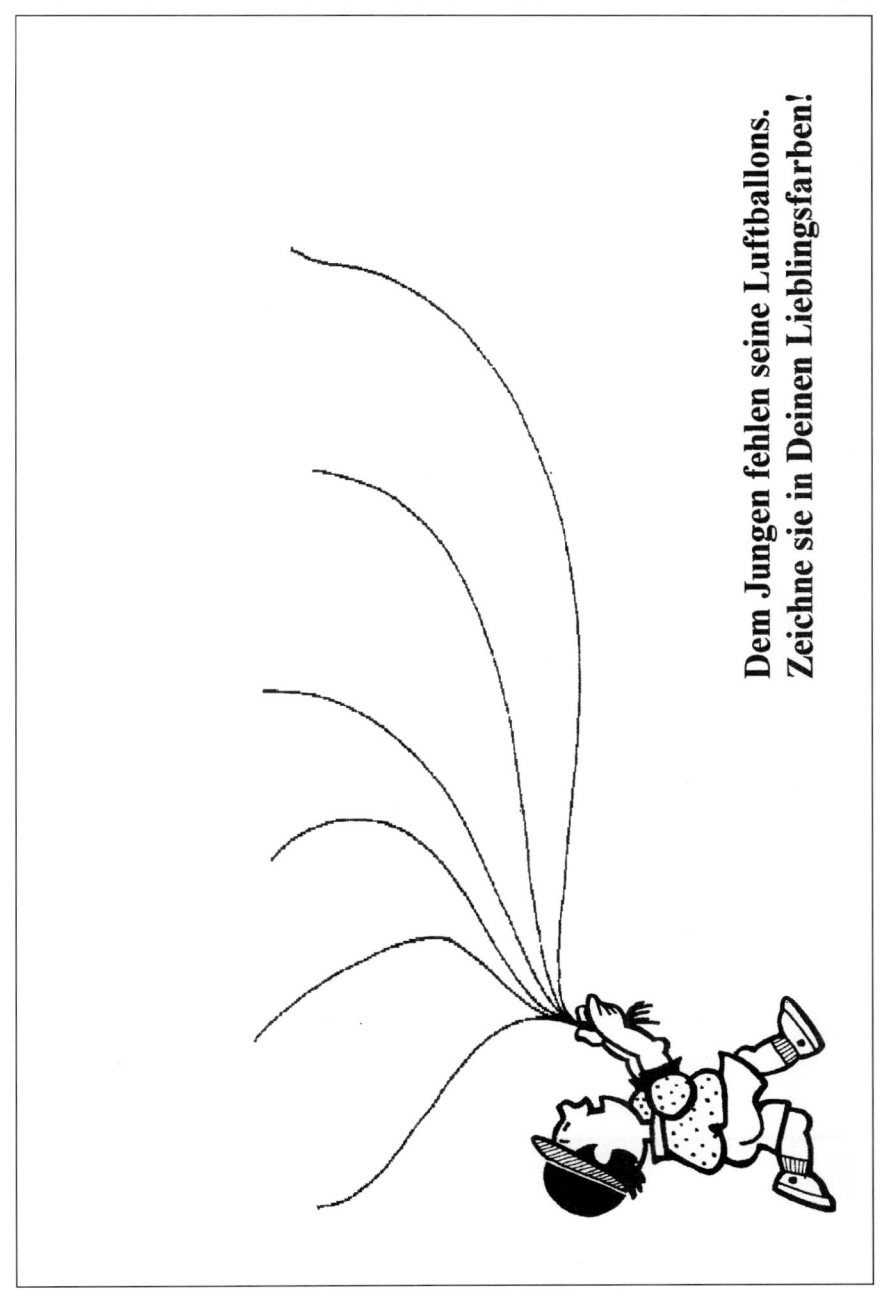

Dem Jungen fehlen seine Luftballons.
Zeichne sie in Deinen Lieblingsfarben!

WENIG
VORBEREITUNG

**Bemale das Riesenosterei
mit Deinen Lieblingsfarben!**

73

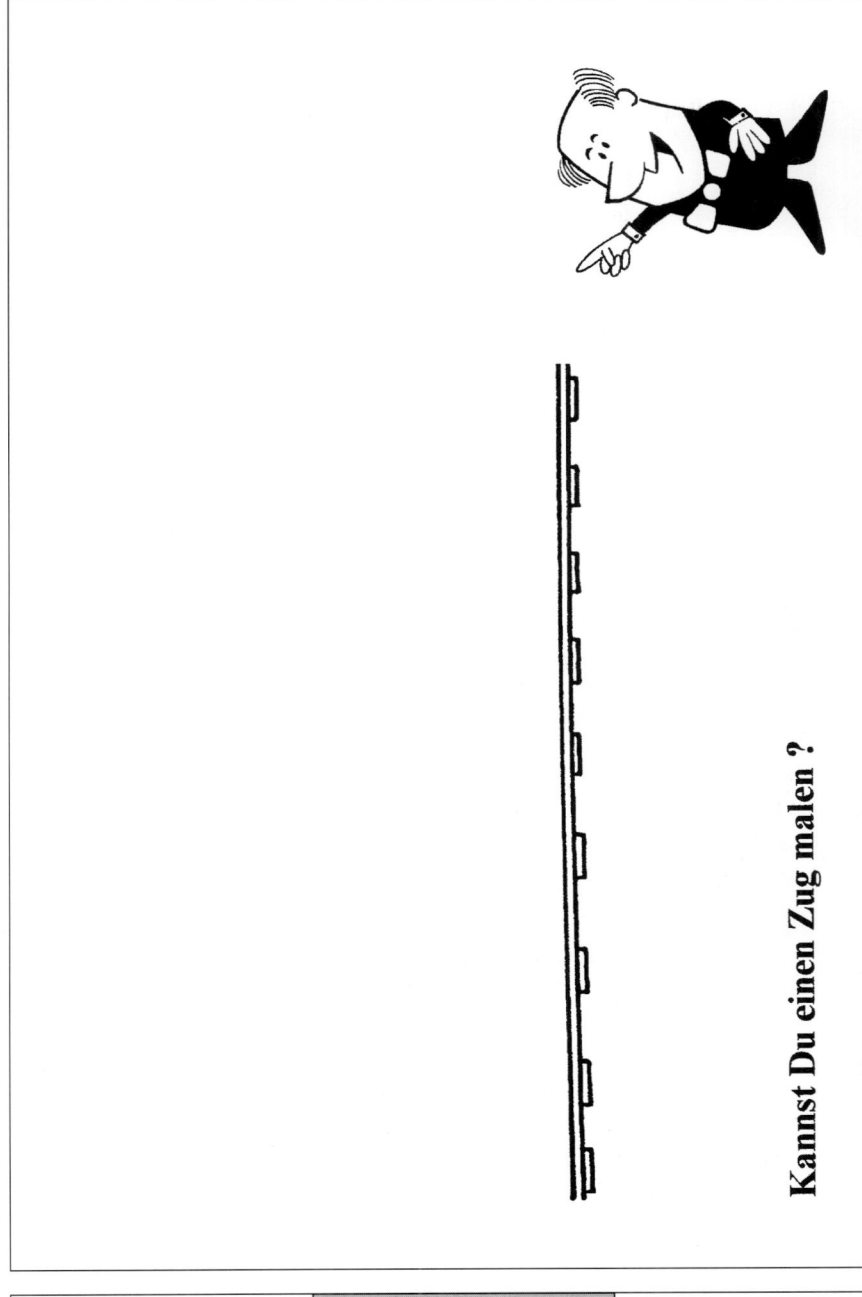

Kannst Du einen Zug malen ?

**Welche Geschenke hängen
an Deinem Weihnachtsbaum ?**

	WENIG VORBEREITUNG	

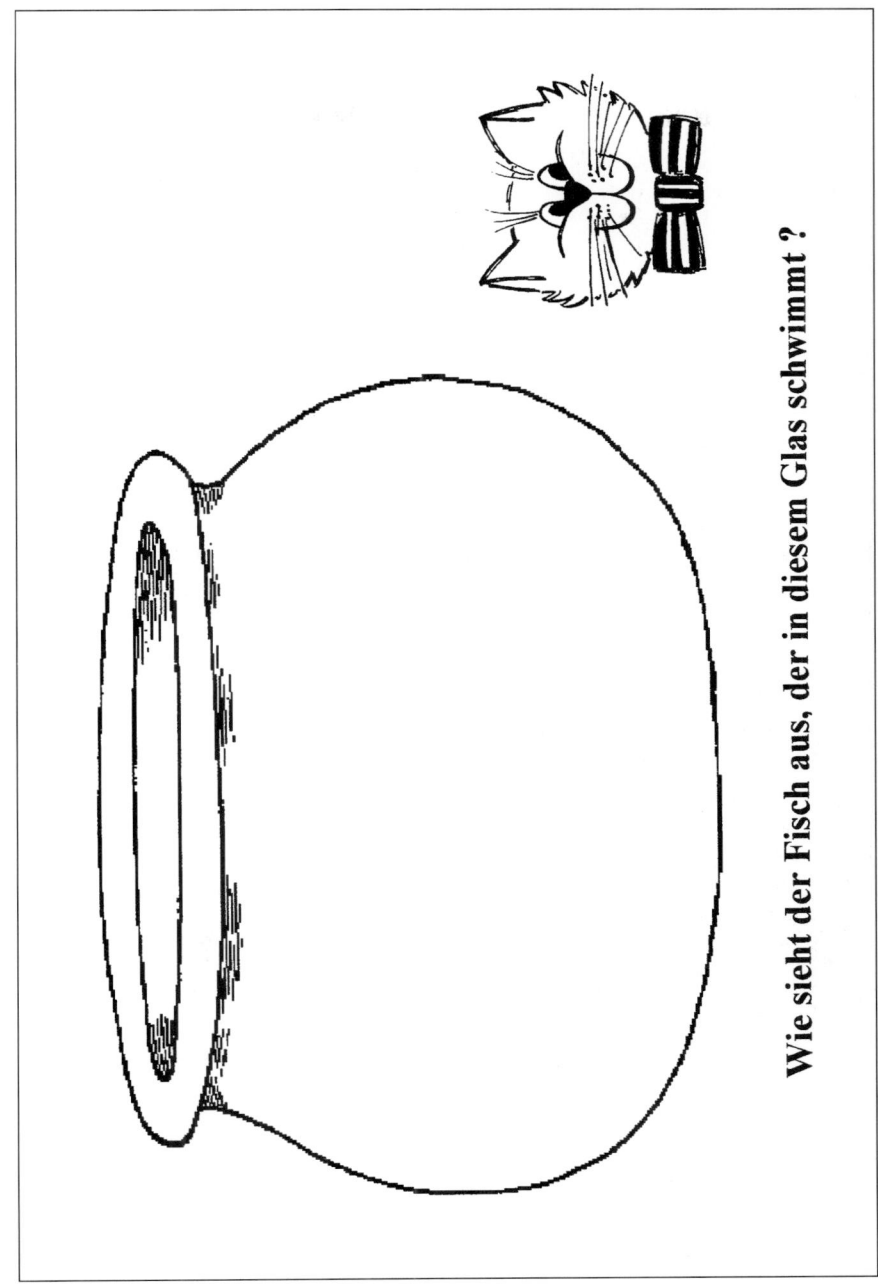

Wie sieht der Fisch aus, der in diesem Glas schwimmt ?

WENIG
VORBEREITUNG

Ich bin eine ziehmlich lange Schlange. Wie sieht mein Körper aus ?

WENIG

VORBEREITUNG

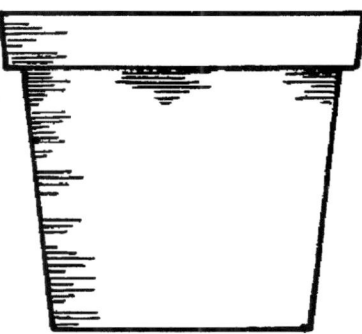

**Wie sieht die Blume aus, die
in diesem Blumentopf wächst ?**

WENIG

VORBEREITUNG

Was ist in dem Paket ?
Zeichne das hinein, worüber Du Dich am meisten freuen würdest.

WENIG
VORBEREITUNG

Was sieht der Junge unter der Wasseroberfläche ? Seeungeheuer ?

WENIG
VORBEREITUNG

80

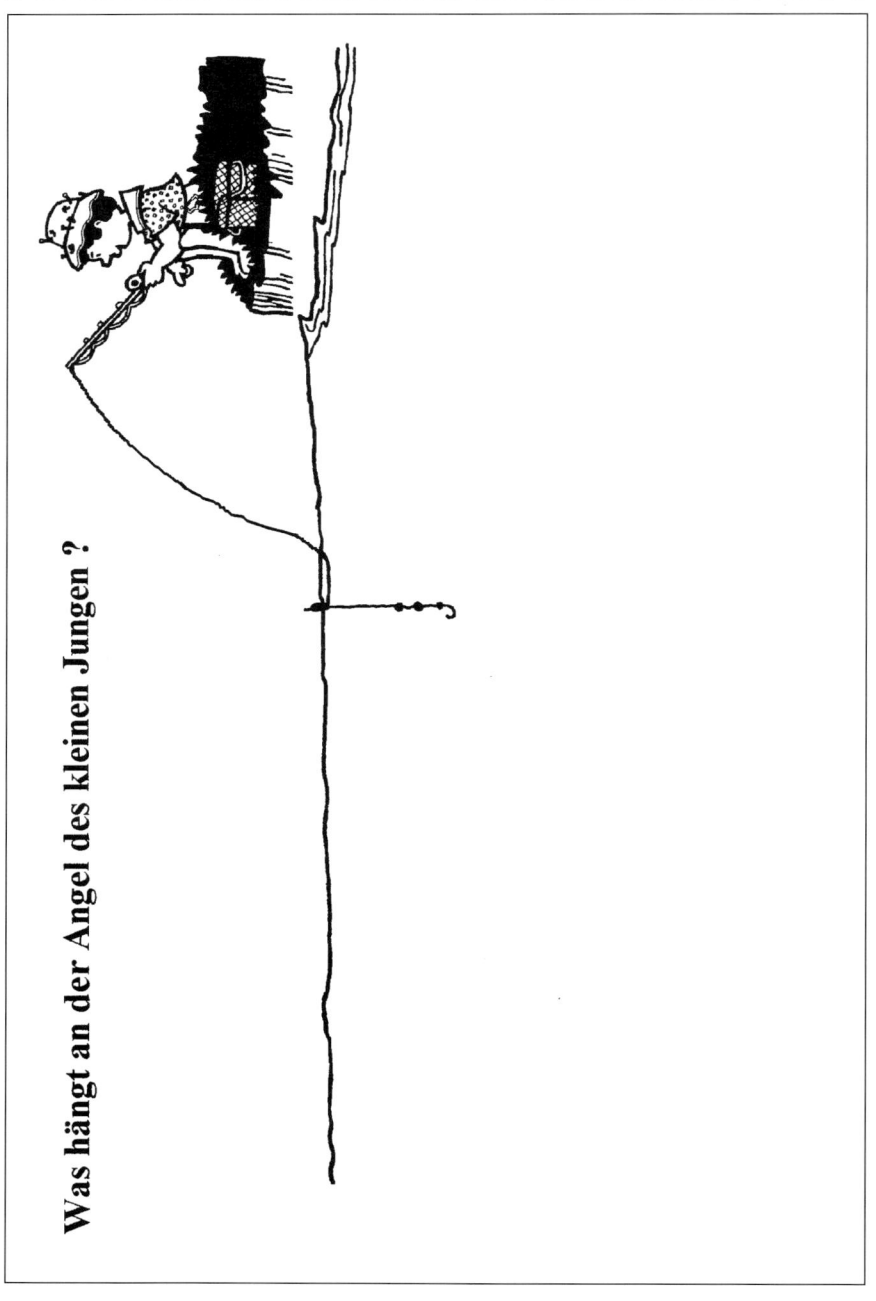

Was hängt an der Angel des kleinen Jungen ?

WENIG
VORBEREITUNG

Briefe
schneiden

ab Klasse 5   **Tischgruppen**   **alle**

Material: Scheren, Klebstoff, Zeitungen

Es werden ausreichend Scheren, Klebstoff, Zeitschriften und große Papierbögen bereitgestellt. Es wird ein Briefthema angegeben (z.B. Liebesbrief, Geschäftsbrief, Werbebrief, Erpresserbrief). Die Kinder teilen sich in Gruppen auf.

Sie schreiben dem Thema entsprechend einen Brief, indem sie Sätze, Wörter, Silben, Stücke und Buchstaben aus den Zeitschriften ausschneiden und aufkleben. Es darf nur das Zeitschriftenmaterial verwendet und nichts selbst dazugeschrieben werden.
Die fertigen Briefe werden ausgestellt und von den Gruppen vorgetragen.

WENIG

VORBEREITUNG

Fördert

Chef und Sekretärin

Konzentration

ab Klasse 5   **Kreis**   **8 Kinder vor der Klasse**

Material: Schreibzeug und entsprechende Zeitungsausschnitte

Vier Spieler werden ausgewählt. Sie sind die „Chefs". Sie suchen sich eine „Sekretärin".

Die Chefs können natürlich Mädchen sein und die Sekretärinnen entsprechend auch Jungen. Sie setzen sich im Abstand von ca. 4 – 6 Metern in die gegenüberliegenden Ecken. Nun erhält jeder Chef einen kurzen Zeitungsbericht. (Ungefähr gleiche Länge und gleicher Schwierigkeitsgrad für alle Mitspieler – vor allem aber witzige Texte!)

Nach einem Startzeichen beginnen alle Chefs gleichzeitig zu diktieren. Die Sekretärinnen, die mit Schreibzeug ausgerüstet sind, haben das Diktat ihres Chefs mitzuschreiben.

Ein heilloses Durcheinander wird beginnen. Welches Paar ist am schnellsten und hat die wenigsten Fehler? Die „Diktate" können zur allgemeinen Erheiterung vorgelesen werden.

WENIG VORBEREITUNG

**Fördert
Reaktion und
Geschick-
lichkeit**

Der
Löffelkönig

ab Klasse 2   **Kreis**   **bis zu 13 Kinder**

Material: 12 Löffel

Zwölf Löffel werden strahlenförmig in die Mitte des Kreises gelegt. Dreizehn Kinder sitzen im Kreis um die Löffel und haben die Hände auf dem Rücken.

Jetzt erzählt die Lehrkraft eine Geschichte und immer, wenn das Wort „Löffel" fällt, müssen alle zugreifen. Wer keinen Löffel erwischt, scheidet aus.

Jedes Mal wird ein Löffel weniger hingelegt.

Natürlich sollte die Geschichte auch Wörter enthalten, bei denen die Mitspieler ein bißchen hereingelegt werden, weil sie das Wort „Löffel" vermuten. Das passiert bei Wörtern, die mit „Lö..." anfangen, wie „Löwe, Lösegeld, Lötkolben, Löschen, Löhnung, Löcher usw."

Das Spiel erfreut sich großer Beliebtheit.

	WENIG VORBEREITUNG	

Wer wird Löffelkönig ?

Fördert Reaktion und Geschicklichkeit

Die Zahl auf meinem Rücken

ab Klasse 1   **Kreis**   **2 Kinder vor der Klasse**

Material: weiße Zettel mit unterschiedlichen Zahlen in Postkartengröße; Sicherheitsnadeln

Welche Zahl steht auf meinem Rücken? Es spielen zwei Kinder gegeneinander. Auf dem Rücken eines jeden wird ein Zettel mit einer Zahl mit einer Sicherheitnadel befestigt. Nun soll jeder die Zahl auf dem Rücken des anderen ermitteln, ohne seine eigene Zahl sichtbar werden zu lassen. Da beide dies gleichzeitig versuchen, gibt es für die anderen viel zu lachen.

Zur Abwechslung kann man auch einmal drei Personen gleichzeitig spielen lassen.

WENIG VORBEREITUNG

Fördert

Dschungeljagd

Spannungsabbau

ab Klasse 2   **Kreis**   **alle in Gruppen
von 4-8 Kindern**

Material: viele Büroklammern (300-400)

Es werden Gruppen von 4 – 8 Mitspielern zusammengestellt. Jede Gruppe wählt sich ein Dschungeltier – z.B. Affen, Papageien, Tiger, Elefant.

Zusätzlich bestimmt jede Gruppe ein weibliches oder männliches Leittier. Die Kinder einer Gruppe verständigen sich untereinander mit den Lauten des von ihnen gewählten Tieres.

Zunächst verlassen alle Kinder den Raum. Die Lehrkraft verteilt die Büroklammern im Raum, indem sie diese wahllos durch den Raum wirft.

Jetzt stürmen alle Dschungeltiere in den Raum.

Die Tiere selbst dürfen aber die Büroklammern nicht berühren. Jedes Tier, das etwas findet, bleibt stehen und ruft mit dem jeweiligen Tierlaut sein Leittier, um die gefundenen Büroklammern aufzunehmen. Nur die Leittiere dürfen die Büroklammern sammeln. Am Schluß werden die Büroklammern der Tiergruppen gezählt.

Die Dschungeljagd ist ein sehr wildes Spiel und erfreut sich schon von daher großer Beliebtheit.

	WENIG VORBEREITUNG	

**Fördert
Reaktion und
Geschick-
lichkeit**

Durch die Kordel schlüpfen

ab Klasse 3　　　　　**Kreis**　　　　　**alle in 2 Gruppen**

Material:　2 Kordelstücke von ca. 1,50 m Länge (Gardinenkordel)

Die beiden Kordelstücke werden zu zwei Ringen zusammengeknotet.

Zwei Gruppen stehen sich in zwei Reihen gegenüber. Von jeder Gruppe erhält der Außenmann je eine der Kordelschlaufen auf die ausgebreiteten Arme.

Auf Kommando geht's los: Beide schlüpfen, mit dem Kopf in die Kordelschlaufe und mit den Füßen wieder heraus. Dann die Kordel dem nächsten Spieler übergeben. Jeder muß hindurchschlüpfen. Wenn der Letzte hindurchgeklettert ist, gibt er den Ring wieder an den Vorletzten usw., bis die Ringe beider Gruppen wieder bei den ersten Spielern angelangt sind.

Es ist darauf zu achten, daß keiner dem anderen beim Durchschlüpfen hilft.

WENIG
VORBEREITUNG

Fördert

Eisbären

Konzentration

ab Klasse 2   **Kreis mit Tisch**   **alle**

Material: 3 Würfel (sehr gut Würfel 4x4 cm)

Der Spielleiter erzählt als Einleitung eine kleine Geschichte von den Eisbären in Grönland. Diese Geschichte kann er je nach eigener Kenntnis ausweiten, folgende Grundinformation sollte jedoch gegeben werden, bevor es mit dem Würfeln losgeht:

„In Grönland ernähren sich die Eisbären vorwiegend von Fischen, die sie aus Eislöchern (Wasserlöchern) herausholen. Es kann also nur dort ein Eisbär sein, wo auch ein Eisloch ist."

Nun beginnt ein Spieler, mit allen 3 Würfeln gleichzeitig zu würfeln. Liegen die Augenzahlen auf dem Tisch, gilt es herauszufinden, wieviele Eislöcher (Wasserlöcher) oder wieviel Eisbären „auf dem Tisch" liegen.

Zunächst zählt man nur die Wasserlöcher. Dies ist einfacher.

Wasserlöcher finden sich auf den Würfeln jeweils bei den ungeraden Zahlen in der Mitte. Nur dort, wo Wasserlöcher sind, gibt es auch Eisbären.

Das Ergebnis des Wurfes aus den drei Würfeln wird also wie folgt zusammengerechnet:

	WENIG VORBEREITUNG	

= 1 Auge = 1 Wasserloch, kein Eisbär

= 2 Augen = kein Wasserloch, kein Eisbär -
Umweltverschmutzung

= 3 Augen = 1 Wasserloch, 2 Eisbären

= 4 Augen = kein Wasserloch, keine Eisbären -
Umweltverschmutzung

= 5 Augen = 1 Wasserloch, 4 Eisbären

= 6 Augen = kein Wasserloch, keine Eisbären

Wieviele Wasserlöcher sind es ?

	WENIG VORBEREITUNG	

Variante ab Klasse 5: Noch schwieriger – aber auch schöner – wird es, wenn auch noch die Anzahl der Fische erkannt werden soll. Diese ergibt sich aus der Punktzahl auf der Unterseite des Würfels. Dazu muß man wissen, daß die Augenzahl auf den jeweils gegenüberliegenden Seiten zusammengerechnet immer 7 ergibt.
Es gibt aber nur dann Fische, wenn auch ein Wasserloch vorhanden ist, also bei 1, 3 und 5 sind entsprechend 6, 4 oder 2 Fische im Wasserloch.

Das Spiel ist außerordentlich gut zur Förderung der Konzentration geeignet. Wenn es die Lehrkraft selbst mit den Kindern an einem Tisch durchführt, hat sie die Möglichkeit, die Würfel über den Tisch laufen zu lassen, so daß sie neben dem Zählen auch sehr genau beobachtet werden müssen.

WENIG
VORBEREITUNG

Fördert

Familie
Schnippel

Spannungsabbau

ab Klasse 3   **Kreis**   **alle**

Material: Zettel mit den Namen der Familienmitglieder

Die fünf Familienmitglieder sind: Oma, Mutter, Vater, Kind und Hund. Je nach Spieleranzahl werden Zettel ausgeteilt, auf denen Familiennamen und Familienstand aufgeschrieben sind. (z.B. Oma Schnippel, Vater Schnippel, etc....).
Die Spieler dürfen die zusammengefalteten Zettel erst auf ein Zeichen des Spielleiters öffnen und lesen. Sie sollen dann versuchen, die übrigen Familienmitglieder gleichen Namens möglichst rasch zu finden. Da die Familiennamen sehr ähnlich lauten, ist das gar nicht so einfach. Wenn die einzelnen Familienmitglieder einander gefunden haben, müssen sie folgende Formation bilden:
Der Opa setzt sich auf den Stuhl, der Vater setzt sich auf seinen Schoß, die Mutter auf den Schoß des Vaters, das Kind auf den Schoß der Mutter und der Hund auf den Schoß des Kindes.
Die Familie, die zuerst komplett sitzt, hat gewonnen.
Die Familiennamen sollten ähnlich klingen: z.B. Sippel, Tippel, Rippel, Knippel, Fippel etc.

Dieses Spiel eignet sich auch sehr gut als Kennenlern-Spiel in Gruppen, die sich noch nicht kennen.
Auch auf Festen, die mit Kindern und Eltern gemeinsam durchgeführt werden, erfreut es sich großer Beliebtheit.

	WENIG VORBEREITUNG	

Fördert Reaktion und Geschicklichkeit

Federstaffel

ab Klasse 4   **Kreis**   **alle in 2 Mannschaften**

Material: 2 Teller, 2 Federn

Es werden zwei Mannschaften gebildet.
Der erste erhält jeweils einen Teller, auf den eine Feder gelegt wird.
Er muß nun diesen Teller zu einem Ziel transportieren. Verliert er
die Feder, muß er zum Start zurück. Ist er beim Ziel angekommen,
nimmt er die Feder in die Hand, läuft schnell zurück und übergibt
dem Spieler 2 den Teller und die Feder. Jetzt transportiert dieser
die Feder auf dem Teller usw.

WENIG VORBEREITUNG

Flaschensitzen

Konzentration

ab Klasse 2   **Kreis**   **alle in 2 Mannschaften**

Material: 2 leere Flaschen, 2 Schachteln Zündhölzer, 4 Kerzen

Es werden 2 Mannschaften eingeteilt. Jede schickt einen Vertreter. Seine Aufgabe ist es, sich auf die am Boden liegende Flasche zu setzen. Dabei darf nur ein (!) Schuhabsatz den Boden berühren. In jeder Hand hält er eine Kerze. Eine davon ist angezündet.
Aufgabe ist es nun, mit der brennenden Kerze die andere anzuzünden. Wer zuerst umkippt, erhält einen Minuspunkt. Einen Pluspunkt erhält, wer als erster beide Kerzen zum Brennen gebracht hat.

Variante: 1 Kerze und 1 Schachtel Zündhölzer. Die Kerze muß mit einem Zündholz angesteckt werden – außerordentlich schwierig.

Obwohl das Spiel neben Konzentration auch viel Geschicklichkeit erfordert, ist es sehr beliebt. Wegen eventueller Wachsflecken sollte es nicht unbedingt auf Teppichboden gespielt werden.

WENIG
VORBEREITUNG

Gar nicht so einfach, eine Kerze im Flaschensitz anzuzünden!

	WENIG VORBEREITUNG	

Fördert

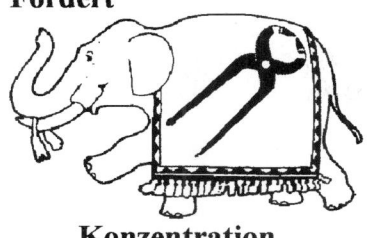

Gegenstände
von A-Z

Konzentration

ab Klasse 2   **Kreis**   **alle in 2 oder mehr Gruppen**

Material: 2 (oder mehrere) Kartensortimente A bis Z

Es werden 2 Gruppen gebildet. Jede erhält ein Kartensortiment mit den Karten von A bis Z (etwa in Postkartengröße). Man gibt eine bestimmte Anzahl von Buchstaben vor (je nach Alter) – nicht gleich das ganze Alphabet. Die Aufgabe für jede Gruppe besteht darin, zu jeder Karte einen Gegenstand mit dem jeweiligen Anfangsbuchstaben zu finden. Für Karte „A" z.B. eine Armbanduhr; bei „B" z.B. ein Buch usw.
Die Karten müssen – in der richtigen Reihenfolge nebeneinander liegend – sortiert sein und die entsprechenden Gegenstände sollen darauf liegen. Welche Gruppe hat ihre Aufgabe zuerst erfüllt?

Variante: Setzmaschine
Beide Gruppen erhalten ein vollständiges Kartensortiment. Der Spielleiter ruft nun ein Wort auf, z.B. „Lampe". Jede Gruppe sucht schnell die betreffenden Buchstaben aus dem Sortiment heraus und hält sie in die Höhe. Die Mannschaft, die das Wort zuerst (richtig) „gesetzt" hat, bekommt einen Punkt. Die Buchstaben müssen jedoch so gehalten werden, daß das Wort zu lesen ist.
Hinweis: Nur Worte verwenden, in den die Buchstaben jeweils nur 1x vorkommen (z.B. Stuhl, Tisch, Boden, Buchregel usw.)!
Sonst muß jede Gruppe zwei Alphabete als Kartensortimente erhalten.

	WENIG VORBEREITUNG	

Variante: Wer kommt zuerst?

In beiden Gruppen wird ein Kartensortiment verteilt. Jeder Spieler hat also eine oder mehrere Karten. Der Spielleiter ruft ein beliebiges Wort. Die beiden Spieler, die den Anfangsbuchstaben dieses Wortes auf einer ihrer Karten haben, rennen los zu einem Ziel. Dort liegt ein Bonbon (viel Spaß macht auch ein Mini-Mohrenkopf). Der Spieler, der die Süßigkeit zuerst mit dem Mund (keine Hände zu Hilfe nehmen!) gefaßt hat, darf sie als Preis behalten und hat für seine Gruppe einen Punkt geholt.

	WENIG VORBEREITUNG	

**Fördert
Reaktion und
Geschick-
lichkeit**

Geldstück finden

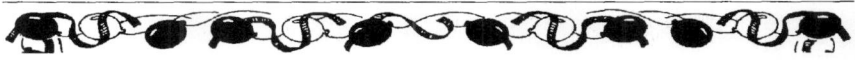

ab Klasse 4   **Tischgruppen**   **alle in Gruppen von
mind. 6 Kindern**

Material: einige Geldstücke

Die Spieler sitzen um einen Tisch. Einer wird zum Sucher bestimmt.
Er steht neben dem Tisch. Unter dem Tisch wandert ein Geldstück
von Hand zu Hand. Ruft der Sucher: „Hände auf!", müssen alle Spieler augenblicklich ihre Hände flach auf die Tischplatte legen. Diese
Aktion muß von demjenigen, der die Münze in seiner Hand hält,
besonders geschickt ausgeführt werden, damit das Geldstück nicht
aus der Hand fällt, zu hören oder zu sehen ist.
Der Sucher hat die Aufgabe, die wandernde Münze zu finden. Er
hat das Recht, eine vorher zu vereinbarende Zahl von Händen zu
öffnen. Diese Zahl richtet sich ganz nach der Anzahl der Mitspieler.
Findet er dabei die Münze, so muß der, bei dem er sie entdeckte, in
der nächsten Runde suchen.
Findet er sie nicht, darf er noch einmal probieren.

	WENIG VORBEREITUNG	

**Fördert
Reaktion und
Geschick-
lichkeit**

Groschen-
Tischfußball

ab Klasse 5   **Tischgruppen**   **alle**

Material: einige Groschen

Auf einer Tischplatte werden 3 Groschen bereitgelegt, an den
Schmalseiten des Tisches wird je ein Tor markiert. Es werden in
jeder Tischgruppe zwei Mannschaften gebildet.
Es kommt nun darauf an, eine Münze in das gegnerische Tor zu
schießen.
Der erste macht den Anstoß, indem er die drei Münzen in Form
eines Dreiecks in die Mitte des Tisches legt und die von seinem
Zieltor am weitesten entfernte Münze zwischen den beiden anderen
hindurch in Richtung des gegnerischen Tores schnippt (= den ge-
krümmten Zeigefinger vom Daumen abschnellen lassen).
Wieder entsteht ein Dreieck, wieder wird die vom gegnerischen Tor
am weitesten entfernt liegende Münze durch die anderen geschnippt
usw. – bis eine in das Tor des Gegners geschossen werden kann.
Wer aber danebenschießt, die Münze nicht durch die beiden anderen hindurchbekommt oder sie berührt, muß seine Gegner schießen
lassen. Die Lage der Münzen bleibt, sie ist der Ausgangspunkt für
die Gegenmannschaft. Sobald sie einen Fehler macht, kommt wieder die andere Mannschaft dran und wechselt die Spielrichtung.
Wenn die 3 Münzen in einer Linie liegen, so daß ein Durchschnip-
pen unmöglich ist, darf der Spieler einen Gegenstand zuhilfe nehmen, von dem er die Münze abprallen lassen kann, daß sie danach

**WENIG
VORBEREITUNG**

durch die beiden anderen durchrutscht. Liegen die Münzen zu nahe beieinander, muß der letzte Spieler ihnen einen kräftigen Schubs geben. Dann ist aber die Gegenmannschaft dran.

WENIG

VORBEREITUNG

Fördert Reaktion und Geschicklichkeit

Handschuh-rennen

ab Klasse 1   **Kreis**   **alle in 2 Gruppen**

Material: 2 Schals, zwei Paar Handschuhe, 2 Hüte oder 2 Mützen

Die Klasse teilt sich in zwei gleichgroße Gruppen auf. Jede Gruppe sitzt in einer Stuhlreihe nebeneinander. Um jede Stuhlreihe sollte ausreichend Lauffläche vorhanden sein.

Jeweils die ersten Spieler einer Gruppe erhalten einen Hut, ein Paar Handschuhe und einen Schal.

Auf ein Startkommando ziehen sie diese Requisiten schnell an, laufen einmal um die Stuhlreihe und geben alles an den nächsten Spieler weiter, der diesen Vorgang wiederholt.

Das An- und Ausziehen der Kleidungsstücke muß im Sitzen erfolgen. Der Schal muß verknotet werden.

Gewonnen hat die Gruppe, die zuerst fertig ist und die alle Gegenstände wieder abgegeben hat.

WENIG
VORBEREITUNG

Fördert

Hund und Knochen

Konzentration

ab Klasse 1   **Kreis**   **alle**

Material: 1 Augenbinde, Bonbons

Ein Spieler, der „Wachhund", sitzt mit verbundenen Augen auf einem Stuhl in der Kreismitte. Unter dem Stuhl liegt der „Knochen", z.B. ein Bonbon oder ein Lolli.
Ein Kind aus dem Kreis hat die Aufgabe, sich heranzuschleichen und den „Knochen" zu rauben. Der „Wachhund" muß auf seinem Platz sitzen bleiben. Er versucht, den anschleichenden Dieb mit den Händen oder Füßen zu berühren (natürlich nicht zu schlagen oder zu treten).
Gelingt es dem „Dieb", den Knochen zu rauben, behält er ihn und löst den „Wachhund" ab. Gelingt es es dem „Wachhund", den „Dieb" zu stellen, darf er natürlich den „Knochen" behalten. Ein neuer Knochen wird dann unter den Stuhl gelegt.
Bei diesem Spiel ist absolute Ruhe erforderlich. Da es für Kinder aber außerordentlich attraktiv ist, sind sie nur zu gern dazu bereit.

WENIG VORBEREITUNG

Fördert

Spannungsabbau

Kartoffelduell

ab Klasse 4   **Kreis**   **2 Kinder vor der Klasse**

Material: 4 Löffel, 2 Kartoffeln

2 Spieler stehen sich gegenüber. Jeder hält in der rechten Hand einen Löffel, auf dem eine Kartoffel liegt.

Mit dem Löffel in der linken versuchen beiden Spieler, sich gegenseitig die Kartoffel vom Löffel zu stoßen.

Gewonnen hat, wessen Kartoffel am Ende noch auf dem Löffel liegt. Es ist jedoch darauf zu achten, daß als Treffer nur zählt, wenn die Kartoffel auch wirklich mit dem Löffel herabgestoßen wurde und nicht aus sonstigen Gründen herabfiel.

	WENIG VORBEREITUNG	

Gleich beginnt „das Duell".

	WENIG	
	VORBEREITUNG	

Fördert

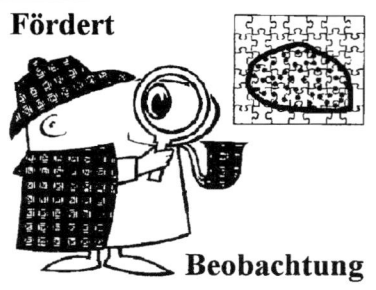

Kartoffelpuzzle

Beobachtung

| ab Klasse 2 | Tischgruppen | alle in Gruppen von 4-6 Kindern |

Material: einige Kartoffeln, Messer und einige Zahnstocher

Die Klasse wird in Gruppen von 4-6 Kindern aufgeteilt.
Jede Gruppe erhält eine nicht zu kleine Kartoffel. Sie fertigt für eine andere Gruppe ein Puzzle an und zerschneidet die Kartoffel in Teile. Die Anzahl der Teile richtet sich nach dem Alter der Kinder.
Die zerschnittene Kartoffel wird mit Zahnstochern einer anderen Gruppe übergeben, von der man selbst auch ein Kartoffelpuzzle erhält.
Die Aufgabe besteht nun darin, die Kartoffeln wieder zusammenzusetzen und mit Hilfe der Zahnstocher zusammenzustecken.
Welche Gruppe kann das Puzzle wieder zusammenfügen?
Neben einer gewissen Fingerfertigkeit wird vor allem die Fähigkeit, genau zu beobachten und exakt einzuschätzen gefördert.

| | WENIG VORBEREITUNG | |

Fördert Reaktion und Geschicklichkeit

Karton-schlange

ab Klasse 4   **Kreis**   **2 Kinder gegeneinander**

Material: 3 Schachteln, 1 Schnur

Mindestens 3 Schachteln werden mit einer Schnur hintereinander so zusammengebunden, daß dazwischen etwa ein halber Meter Zwischenraum bleibt. Auf jeden Karton werden Gegenstände gestellt.
Das Ganze soll durch eine abgesteckte Strecke oder einen Hindernisparcour (Stühle, Taschen, Papierkorb etc.) nach Zeit gezogen werden.
Ein Kind darf beginnen. Es fordert ein anderes auf, mit ihm in einen Wettstreit zu treten.

Variante:
Man kann auf jeden Karton einen Lutscher (natürlich zuckerfrei) legen. Alle Lutscher, die nicht herunterfallen, dürfen behalten werden.

	WENIG VORBEREITUNG	

*Die Kartonschlange wird zum
Ziel gezogen.*

WENIG
VORBEREITUNG

Fördert

Spannungsabbau

Keksstaffel

ab Klasse 3   **Kreis**   **alle in 2 Mannschaften**

Material: Zwei Packungen trockener Kekse oder Spekulatius

Die Klasse bildet zwei Mannschaften. Jede Mannschaft erhält eine Packung Kekse.
Der erste Spieler jeder Gruppe beginnt – auf ein Startkommando – hin, so schnell er kann, einen Keks zu essen. Erst, wenn er deutlich vernehmbar einen Liedanfang gepfiffen hat, darf er die Kekspackung weitergeben. Dann ißt der zweite Spieler einen Keks, pfeift, und so weiter bis zum letzten Spieler.
Das Spiel hat durch seine einfache Spielidee eine überschaubare und klare Struktur. So können vor allem jüngere Kinder Unruhe schnell und einfach abbauen.

	WENIG VORBEREITUNG	

Fördert

Denken und

Gedächtnis

KIM-Spiele

ab Klasse 1   **Kreis**   **alle**

Unterschiedliche Materialien

KIM-Spiele fördern Denken und Gedächtnis aber auch die Beobachtung und die Konzentration. Sie gehen auf den gleichnamigen Roman von R. Kipling zurück. Die Titelfigur muß hier angeben, wieviele Arten von Edelsteinen sich auf einem Tablett befinden, das man ihr nur 1 Minute lang zeigt.

Beschreibung der Spiele

Im Folgenden sollen für die Arbeit in der Schulklasse einige besonders geeignete KIM-Spiele vorgeschlagen werden:

1. Aus einem Katalog 20 Gegenstände vorlesen, dann von der Klasse aufschreiben lassen.
2. Gegenstände im Zimmer verändern, während andere draußen warten.
3. Ein Bild 1 Minute lang betrachten, dann zudecken. Was war darauf zu sehen?
4. Verschiedene Gegenstände, die unter einer Decke liegen, betasten lassen.
5. Eine Person wird 1 Minute lang betrachtet und dann hinausgeschickt. Sie kommt mit Veränderungen wieder herein. Was hat sie verändert?

	WENIG VORBEREITUNG	

6. Hinter einem Vorhang verschiedene Gegenstände fallen lassen. Um welche Gegenstände handelt es sich?
7. Verschiedene Geräusche hören.
8. Mit verbundenen Augen gültige Münzen betasten lassen. Um welche handelt es sich?
9. Unterschiedliche Gerüche herausfinden. Hier kann das Riechspiel „Smellory" eine Hilfe sein, wenn auch eine Vielzahl der Riechproben künstlich riecht. Zusammen mit den zum Spiel gehörigen Abbildungstafeln sind die Gerüche gut identifizierbar.
10. Schmeckproben. Unterschiedliche Proben bei verbundenen Augen schmecken und merken lassen. Dabei sollten die Kinder nur Schmeckproben erhalten, die sie gerne essen: Nüsse, Schokolade, Kekse, Chips, Obst, Pudding, Brot etc.

Hoffentlich kann ich mir merken, was auf dem Tablett alles liegt?

	WENIG VORBEREITUNG	

**Fördert
Reaktion und
Geschick-
lichkeit**

Löffelstafette

ab Klasse 5   **Kreis**   **alle in 2 Gruppen**

Material: pro Spieler ein Teelöffel, pro Mannschaft ein Stückchen
Würfelzucker, Bonbon oder Kaugummi

Die Klasse teilt sich in zwei Gruppen, die sich in zwei Reihen einander gegenüber sitzen. Jeder hat den Griff eines Teelöffels im Mund.
Aufgabe jeder Gruppe ist es, ein Stück Würfelzucker vom Anfang
bis zum Ende der Reihe weiterzureichen, ohne die Hände zu benut-
zen. Die Lehrkraft legt den Zucker jeweils in den Löffel des ersten
Spielers jeder Gruppe. Diese geben ihn dann um die Wette von Löffel zu Löffel weiter.
Wenn das Zuckerstück herunterfällt, muß die Mannschaft von vorne
beginnen.
Das Spiel macht viel Spaß.

**WENIG
VORBEREITUNG**

Vorsichtig wird ein Kaugummi weitergegeben.

WENIG
VORBEREITUNG

Fördert

Spannungsabbau

Luftballon zertreten

ab Klasse 3   **Kreis**   **2 Kinder vor der Klasse**

Material: 2 Augenbinden, Luftballons

2 Teilnehmer spielen gegeneinander. Die Augen werden verbunden.
Im Raum werden einige aufgeblasene Luftballons verteilt.
Sie sollen gefunden und – ohne Zuhilfenahme der Hände – zertreten werden.
Wer zertritt die meisten?

Variante:
Zwei oder mehrere Spieler bekommen je einen aufgeblasenen Luftballon an einem Fußknöchel festgebunden. Die Spieler fassen sich an den Händen und versuchen dann, sich gegenseitig die Luftballons zu zertreten.
Hier sind die Augen natürlich nicht verbunden.

	WENIG VORBEREITUNG	

Wo mag wohl ein Luftballon liegen,
den man zertreten kann?

Fördert

Spannungsabbau

Luftballon-Fußball

ab Klasse 3   **Kreis**   **alle in Gruppen**
von 6-8 Kindern

Material: Luftballons

Zwei Gruppen mit jeweils 6-8 Kindern sitzen einander gegenüber.
Die Füße der beiden Gruppen berühren sich.
Der Luftballon wird sozusagen als „Faustball" der anderen Mannschaft zugespielt. Kein Spieler darf aufstehen oder den Platz verlassen.
Er darf sich aber soweit wie möglich zurücklehnen. Fällt der Luftballon hinter einer Mannschaft zu Boden und ist nicht mehr er-
reichbar, so zählt dies für die andere Mannschaft als Tor. Luftballons, die seitwärts geschossen werden, führen zu einem Einwurf.
Es ist günstig, bis zu drei Toren zu spielen, damit auch alle Kinder
drankommen.
Das Spiel zählt zu den absoluten „Knüllern" im Klassenraum. Man
kann es auch auf Stühlen sitzend spielen. Es sei aber darauf hinge-
wiesen, daß die Kinder sich im Eifer des Spieles so weit zurücklehnen, daß sie oft mit dem Stuhl umfallen.

	WENIG VORBEREITUNG	

Gleich schießt David ein Tor.

WENIG

VORBEREITUNG

Fördert

Luftballon-Hockey

Spannungsabbau

ab Klasse 4　　　**Kreis**　　　**5-7 Kinder gegeneinander**

Material: 2 Luftballons, 2 Kochlöffel

Zwei Mannschaften stehen oder sitzen sich gegenüber. Sie sind durchnumeriert. Die jeweils gleichen Nummern sitzen sich im Raum diagonal gegenüber.

Am oberen und unteren Ende des Raumes ist ein Stuhl als Tor aufgestellt, auf ihm liegt je ein Kochlöffel oder Stock. In der Mitte des Raumes liegen 2 aufgeblasene Luftballons (siehe Skizze).

Bei Aufruf einer Nummer starten die beiden betreffenden Spieler und holen sich bei ihrem Stuhl ihren Stock. Die Aufgabe besteht nun darin, mit dem Stock einen Ballon möglichst schnell in das gegnerische Tor zu treiben. Wer es zuerst geschafft hat, hat für seine Gruppe einen Punkt geholt. Die anderen Kinder bleiben praktisch als Hindernis sitzen.

Wichtig ist dabei, daß bei jedem Tor ein Schiedsrichter steht, der sofort pfeift, wenn der Ballon die Torlinie passiert hat.

	WENIG VORBEREITUNG	

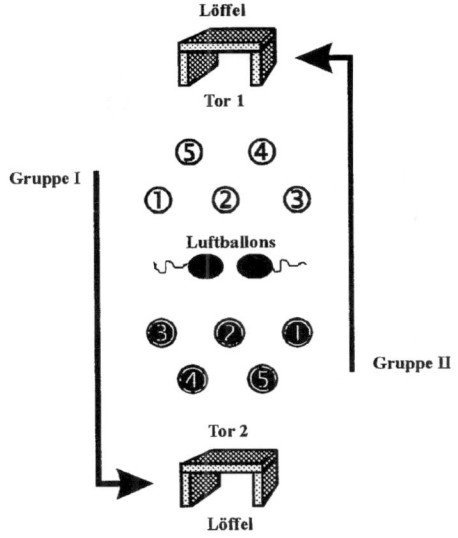

Löffel
Tor 1

Gruppe I

⑤ ④
① ② ③

Luftballons

③ ② ①
④ ⑤

Gruppe II

Tor 2
Löffel

Beim Luftballon-Hockey ...

	WENIG VORBEREITUNG	

**Fördert
Reaktion und
Geschick-
lichkeit**

Luftballons in
der Luft halten

ab Klasse 3   **Kreis**   **alle in Gruppen
von 5-7 Kindern**

Material: 10 und mehr Luftballons

Eine der Gruppe von 5-7 Kindern steht im Kreis. Sie erhalten 10
Luftballons. Auf ein Kommando müssen sie die Luftballons in der
Luft balancieren, so daß sie nicht den Boden berühren. Die Kinder
können und sollen sich untereinander helfen. Dabei wird die Zeit
gestoppt.
Fällt ein Luftballon zu Boden, kommt die nächste Gruppe dran.

**WENIG
VORBEREITUNG**

Hoffentlich fällt kein Ballon auf die Erde.

	WENIG VORBEREITUNG	

Fördert

Max und Moritz

Konzentration

ab Klasse 4   **Kreis**   **2 Kinder vor der Klasse**

Material: Tücher zum Augenverbinden oder Kapuzen

Zwei Spieler mit verbundenen Augen werden an die Kopfenden eines möglichst langen Tisches gestellt. Dann darf einer den anderen
suchen. Der Gesuchte darf sich nicht vom Tisch entfernen, kann
aber über die Tischplatte klettern oder darunter herkriechen. Beide
Spieler verhalten sich so vorsichtig, daß keiner den anderen hört.
Wenn nach Tasten und Suchen der Max den Moritz erwischt hat,
werden die Rollen getauscht.
Obwohl dieses Spiel von seiner Spielidee her einfach gestaltet ist,
erfreut es sich bei Kindern größter Beliebtheit.

	WENIG VORBEREITUNG	

Max und Moritz

WENIG

VORBEREITUNG

Fördert Kreativität

Montagsmaler

ab Klasse 5 **Sitzordnung beliebig** **mehrere Gruppen**

Material: große Papierbögen (Restrolle Zeitung), Stifte

Dieses Spiel kennen viele Kinder aus dem Fernsehen. Man benötigt Papier und Stifte. Das Papier soll so groß sein, daß alle sehen können, was darauf gemalt wird. Das Gemalte, darf geraten werden. Es darf gleich nach dem ersten Strich angefangen werden zu raten.
Mehr Spaß macht es jedoch, wenn zwei oder mehrere Gruppen „gegeneinander malen". Immer abwechselnd kommt ein anderes Kind der jeweiligen Gruppe zu der Lehrkraft, die ihm ein Wort zeigt, zu dem es einen Gegenstand malen soll. Diesen Gegenstand sollen alle in seiner Gruppe aufgrund der Zeichnung erraten.

Sobald einer in der Gruppe das richtige Wort gesagt hat, wird der nächste Begriff geholt und ein neues Bild zu diesem Wort gemalt. Denn die Zeit läuft. Jede Gruppe bekommt so viele Punkte, wie sie – innerhalb einer bestimmten Zeit – richtige Wörter geraten hat.
Den Zeichnern der Gruppe wird das für sie bestimmte Wort auf einer Liste gezeigt, wobei die anderen Wörter zugedeckt werden.

Beispiele

Schlitten	Kerze
Fliege	Eisenbahn
Segelboot	Plattenspieler
Armbanduhr	Hund

WENIG VORBEREITUNG

Schere
Sandale
Sonnenaufgang
Gewitter

Brille
Türschlüssel
Roller

schwierige Wörter

Baden
Lagerfeuer
Tauchen
Kugelschreiber
Haare kämmen

Ferienlager
Schlittschuhlauf
Tretbootfahren
Moped

Variante:
Es können auch Sprichwörter gemalt und geraten werden.

Montagsmaler in Aktion ...

WENIG
VORBEREITUNG

Fördert Reaktion und Geschicklichkeit

Mumien aus Toilettenpapier

ab Klasse 3   **Kreis**   **8-10 Kinder als Paare vor der Klasse**

Material: mehrere Rollen (eher reißfestes) Toilettenpapier

Es werden vier bis fünf Paare ausgewählt. Von jedem Paar ist einer die „Mumie". Er muß ganz ruhig und steif stehen können.
Der andere muß ihn von Kopf bis Fuß mit Toilettenpapier umwikkeln, so daß nichts mehr von ihm zu sehen ist, so daß er wie eine Mumie aussieht.
Gewonnen hat das Paar, das mit seiner Mumie zuerst fertig ist.
Technisch ist es geschickter, mit dem Einwickeln bei den Füßen anzufangen, da so das Toilettenpapier nicht so leicht reißt.
Die Paare, die mit der Mumie fertig sind, werden aufgefordert, als Mumie ruhig stehenzubleiben, bis alle Paare fertig sind. Dann zählt man bis drei und alle Mumien befreien sich mit ruckartigen Bewegungen aus ihrem Toilettenpapier, was fantastisch aussieht!

WENIG VORBEREITUNG

Opa plätschert lustig in der Badewanne

Fördert Kreativität

ab Klasse 5   **Tischgruppen**   **alle**

Material: Papier und Stifte

Auf große Papierbögen (entsprechend der Anzahl der Mitspieler) wird ganz oben der Satz „Opa plätschert lustig in der Badewanne" geschrieben. Jeder erhält einen Stift.

Der Erste knickt den Satz um und schreibt unter den Satz ein neues Subjekt (z.B. Frau Müller oder der Weihnachtsmann), knickt seinen Bogen um und reicht ihn an seinen rechten Nachbarn. Dieser schreibt ein anderes Prädikat / Tätigkeitswort (z.B. kreischt, hüpft), knickt den Bogen um und reicht ihn weiter zum Nächsten, der sich eine Adverbiale Bestimmung der Art und Weise (z.B. nachdenklich, glücklich, entsetzt usw.) ausdenkt, wieder faltet und an den Letzten übergibt, der nun die Ortsbestimmung verändert (z.B. im Flugzeug, im Tunnel, auf der Wiese usw.).
Die neu entstandenen – sehr witzigen – Sätze werden zum Abschluß vorgelesen.

	WENIG VORBEREITUNG	

Fördert

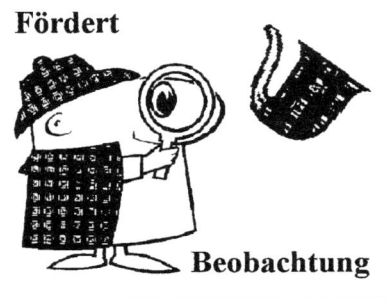

Pfeifchen suchen

Beobachtung

ab Klasse 4   **Kreis**   **alle**

Material: Trillerpfeife und Schnur

Zunächst werden 4-5 Kinder vor die Tür geschickt.
Das erste Kind kommt herein in den Kreis, steht inmitten des Kreises und hat die Aufgabe, ein Pfeifchen zu suchen, das von den im Kreis sitzenden Kindern hinter ihrem Rücken weitergegeben wird.
Dabei halten die Kinder ihre Hände auf dem Rücken und tun so, als würden sie das Pfeifchen weitergeben. Ab und zu ist das Pfeifchen zu hören. Dann kann sich das suchende Kind sofort die Hände einzelner Kinder zeigen lassen.
Die Lehrkraft steht ebenfalls im Kreis.
An ihrem Rücken baumelt das gesuchte Pfeifchen an einer Schnur. Sie stellt sich unauffällig vor einzelne Kinder, sodaß sie pfeifen können. Das suchende Kind nimmt zunächst natürlich an, daß das Pfeifchen im Kreis hinter den Rücken der Kinder weitergegeben wird, kommt dann aber hinter den Trick.
Bei Kindern mit einer etwas „längeren Leitung" kann man sich besonders langsam umdrehen und sich auffällig vor Kinder stellen.

	WENIG VORBEREITUNG	

**Fördert
Reaktion und
Geschick-
lichkeit**

Ping-Pong-
Staffeln

ab Klasse 4   Kreis   alle in 2 oder mehr Gruppen

Material: 2 Tischtennisschläger, 2 Becher, 2 Tischtennisbälle,
2 Eierbecher

Mit Tischtennisschlägern und Bällen lassen sich lustige und beliebte Staffeln ohne viel Aufwand durchführen. Die Klasse wird in zwei (evtl. mehrere) Gruppen eingeteilt.

– Der Erste einer jeden Gruppe läßt den Ball auf den Boden springen, der Nächste fängt ihn auf, läßt ihn wieder springen, der Dritte fängt ihn wieder auf – und so bis zum Letzten.

– Die Erste hat den Ping-Pong-Ball in einem Becher oder Glas, schüttet um, läßt ihn auf den Boden springen und fängt ihn im Becher auf und gibt Ball und Becher weiter.

– Er kann auch den Becher dem Nachbarn geben, während der Ball aufspringt.

– Das Bällchen liegt in einem Eierbecher und wird in den vom Nachbarn gehaltenen Eierbecher geblasen.

– Für ganz geübte Spieler läßt man das auf dem Tischtennisschläger hüpfende Bällchen mitsamt dem Schläger von Hand zu Hand gehen.

– Der erste Spieler jeder Gruppe bekommt einen Ball auf die geschlossenen und ausgestreckten Beine gelegt. Es gilt, diesen Ball an den zweiten Spieler weiterzugeben usw.

Vielleicht erfinden die Kinder selbst noch andere Staffeln?

**WENIG
VORBEREITUNG**

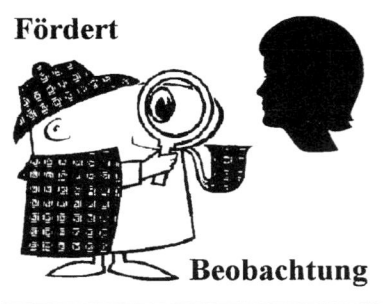

Fördert

Beobachtung

Profilraten

ab Klasse 4   **Kreis**   **alle in 2 Gruppen**

Material: 1 Laken, 1 Lampe (gut: Overheadprojektor)

Eine Gruppe begibt sich auf die Lampenseite des Lakens.
Einer stellt oder setzt sich so zwischen Lampe und Laken, daß sein
Schatten von der Seite (im Profil) zu sehen ist. Es ist erlaubt, klei-
nere Änderungen vorzunehmen (z.B. Frisur ändern, Hut aufsetzen,
Rock anziehen), bevor er seinen Schatten wirft.
Die Spieler auf der anderen Seite müssen raten, wer er ist. Wer
zuerst richtig rät, kommt auf die Lampenseite. Der Geratene kommt
zu den Ratern.
Ist einer nach drei Versuchen nicht erraten, kommt der Nächste der
Gruppe an die Reihe und der nicht Geratene später noch einmal.

Variante:
Das Spiel wird erschwert, wenn der untere Teil der Fläche verdeckt
(z.B. mit einer Decke zugehängt) wird, so daß ausschließlich der Kopf
zu sehen ist.

Der Phantasie beim Verändern des eigenen „Outfits" sind hier keine
Grenzen gesetzt. Es gibt viel zu lachen.

WENIG VORBEREITUNG

Fördert

Spannungsabbau

Putzlumpen-Fußball

ab Klasse 4   **Kreis**   **2 Kinder gegeneinander**

Material: 2 Schrubberstöcke, ein fester Putzlumpen

Zwei Kinder stehen sich gegenüber. Jeder hat einen Schrubberstock (auf Holzsplitter achten) in der Hand. Die Stöcke berühren den Boden.
Zwei Stühle am Außenrand des Kreises sind die Tore.
Man wirft den Putzlumpen in die Luft.
Jeder muß nun versuchen, den Putzlumpen in das gegenerische Tor zu befördern. Der Sieger sucht sich einen neuen Gegner.

	WENIG VORBEREITUNG	

Beim Putzlumpen-Fußball ...

	WENIG VORBEREITUNG	

Fördert

Spannungsabbau

Reise nach Jerusalem

ab Klasse 3   **Kreis**   **alle**

Material: Kassettenrekorder, Musik

Entsprechend der Anzahl der Mitspieler wird ein Kreis aus Stühlen
– mit den Sitzflächen nach außen – gestellt. Ein Stuhl wird zu Beginn des Spieles herausgenommen.
Die Spieler gehen nach der Musik um die Stühle herum. Sobald die
Musik aussetzt oder ein anderes verabredetes Zeichen eintritt, müssen sich alle Spieler einen Platz suchen. Wer keinen findet, scheidet
aus.
Er dreht den nächsten Stuhl um und setzt sich in den Innenkreis.
Natürlich können auch mehrere Stühle gleichzeitig umgedreht werden, dann scheiden entsprechend auch mehr Kinder aus.
Das Ganze beginnt von vorn, bis ein Kind übrigbleibt.

	WENIG VORBEREITUNG	

Fördert

Reise nach Timbuktu

Spannungsabbau

ab Klasse 3   **Kreis**   **alle**

Material: Lose mit Nummern in Klassenstärke

Die Spieler sitzen im Kreis, ein Freiwilliger sitzt in der Mitte.
Es werden Lose, entsprechend der Spielerzahl, mit fortlaufend numerierten Zahlen, die aber den anderen verborgen bleiben, verteilt.
Der Spieler in der Mitte ruft zwei Nummern aus, z.B. 11 und 17.
Die Spieler mit den Nummern 11 und 17 müssen nun die Plätze tauschen. Er versucht, einem der beiden zuvorzukommen und dessen Platz einzunehmen.
Spieler 11 und 17 kennen sich ja nicht. Deswegen müssen sie sich vor dem Platzwechsel verständigen, ohne daß der Spieler in der Mitte etwas merkt. Schafft er es, einen Platz zu erreichen, nimmt der Übriggebliebene seine Stellung ein. Die beiden aufgerufenen Spieler haben genau 1 Minute Zeit, ihre Plätze zu tauschen.
Haben sie es bis dahin nicht geschafft, muß der Spieler mit der niedrigeren Nummer in die Mitte.
Der Spielkreis sollte nicht zu klein sein, damit auch schnell gelaufen werden kann. Die Reise nach Timbuktu ist in allen Altersstufen beliebt.

	WENIG VORBEREITUNG	

**Fördert
Reaktion und
Geschick-
lichkeit**

Rippel-
Tippel

ab Klasse 4   **Kreis**   **alle**

Material: 1 Filzstift

Alle Kinder sitzen im Kreis. Es wird abgezählt von 1 bis ....(je nach
Klassenstärke). Die Lehrkraft spielt natürlich mit. Sie darf beginnen, damit die Kinder das Spiel erlernen können. Angenommen sie
ist die Nummer 7. Sie sagt dann:
„Rippel Tippel Nr. 7 ohne Tippel (Ohne Tippel – weil sie sich noch
nicht versprochen hat. Verspricht sie sich, erhält sie mit dem Fils-
stift einen Strich, einen Tippel auf die Stirn.) ruft Rippel Tippel Nr.
3 ohne Tippel." (Das Kind mit der Nummer 3 hat sich ebenfalls
noch nicht versprochen.)
Jetzt ist das Kind mit der Nummer 3 dran. Es sagt:
„Rippel Tippel Nr. 3 ohne Tippel ruft Rippel Tippel Nr. ... ohne Tippel."
Nach einigen Proberunden gilt: Verspricht sich jemand, so bekommt
er einen Strich auf die Stirn und hat damit einen Tippel. Verspricht
man sich wieder, erhält man natürlich wieder einen Tippel und ist
dann „Rippel Tippel Nummer .... mit zwei Tippeln ruft .... ."
Nach einiger Zeit wird abgebrochen; wer die wenigsten Tippel hat,
hat gewonnen.

	WENIG VORBEREITUNG	

Fördert
Reaktion und
Geschick-
lichkeit

Risiko

ab Klasse 4   **Kreis**   **alle**

Material: ein Würfel oder ein großer Schaumgummiwürfel
(schöner) mit den Zahlen 1-6

Die Spieler bilden Dreiergruppen. Es werden zwei Schiedsrichter be-
stellt, die jeweils mitzählen. Ziel jedes Teams ist es, als erstes 70
Punkte zu erwürfeln.
Das Los entscheidet, welches Team startet. Die erste Gruppe beginnt mehrmals zu würfeln. Die gewürfelten Augenzahlen werden
von den Schiedsrichtern notiert und addiert. Das Team darf solange
würfeln, bis eine 1 fällt. Dann verfallen alle Augenzahlen des entsprechenden Durchganges (die erreichten Punkte der vorherigen Run-
den bestehen weiter).
Jede Gruppe muß also vor jedem Wurf neu entscheiden, ob sie das
Risiko eingehen und weiterwürfeln, oder den Würfel an die nächste
Gruppe weitergeben. Bei einer 1 wandert der Würfel automatisch
an die nächste Gruppe weiter, die nun ihrerseits Punkte sammelt,
usw. bis eine Gruppe die 70 Punkte erreicht hat.

	WENIG VORBEREITUNG	

**Fördert
Reaktion und
Geschick-
lichkeit**

Roboterspiel

ab Klasse 3   **Kreis**   **2 Kinder gegeneinander**

Material: Tücher oder Kapuzen zum Augen verbinden

Es können vier Kinder in jeder Runde mitspielen. Sie bilden zwei
Mannschaften.
Dabei ist ein Kind der Roboter und das andere Kind ist der Sender,
der den Roboter steuert.
Man verteilt im Raum mehrere Hindernisse (Schultaschen, Stühle,
Bücher, Papierkorb etc.).
Beide Roboter starten auf einer Linie und müssen das gleiche Ziel
erreichen. Dabei geben die Sender den Robotern jeweils an, wie sie
zu laufen haben. Da die Roboter die Augen verbunden haben, muß
ihnen sehr genau vorgeben werden, wie sie die Hindernisstrecke über-
winden.
Wenn ein Hindernis von dem Roboter berührt wird, zählt dies als
ein Fehlerpunkt.
Gewonnen hat das Team mit den wenigsten Fehlerpunkten.

	WENIG VORBEREITUNG	

Fördert

Denken und
Gedächtnis

Schlange-stehen

ab Klasse 4   **Kreis**   **alle in 2 Mannschaften**

Material: 4 Zettel mit Auflistungen von ca. je 20 Verkaufsartikeln

Man benötigt 4 Blätter DIN-A4, die in gut lesbarer Schrift eine Aufzählung von Verkaufsartikeln aus allen Branchen enthalten sollen. Zum Beispiel könnte ein solcher Zettel so aussehen:
1. Goldbarsch
2. Begonien
3. Niespulver usw.

Der Zettel 2 sollte – wie auch die übrigen Zettel – dann auf den ersten abgestimmt sein, so daß Verwechslungen entstehen können.

Zum Beispiel könnte **Zettel 2** folgende Angaben haben:
1. Goldfisch
2. Balkon
3. Schießpulver usw.

Zettel 3 beginnt dann so:
1. Seefisch
2. Betunien
3. Pulverkaffee usw.

	WENIG VORBEREITUNG	

Und schließlich **Zettel 4:**
1. Goldpfeile
2. Badezubehör
3. Puderzucker usw.

Die vier Zettel werden in die vier verschiedenen Ecken des Raumes gehängt.

Der Lehrer berichtet nun den Kindern, daß vier neue Kaufhäuser eröffnet worden seien und daß man dort alles kaufen könne, was man wolle. Die Artikel seien aber nur in beschränkter Anzahl vorhanden, weil es sich um Sonderangebote handele. Der letzte Käufer gehe deshalb leer aus. Er ruft nun einen Artikel auf. Alle Kinder versuchen den Artikel zu finden und stellen sich an dem jeweiligen Zettel an. Dasjenige Kind, das am Schluß der Schlange steht oder sich falsch angestellt hat, muß leider ausscheiden.

WENIG

VORBEREITUNG

Schreibstafette

ab Klasse 5   **Kreis**   **alle in 2 oder mehr Gruppen**

Material: Blätter und Stifte

Entsprechend der Anzahl der Gruppen wird Schreibzeug (großes Blatt Papier und Stift) bereitgehalten. Wer beginnt, erhält einen Stift. Das Papier wird in ca. 4 m Entfernung von den Mannschaften auf einen Tisch gelegt.

Auf ein Startzeichen hin laufen die Ersten jeder Mannschaft zu ihrer Schreibfläche, schreiben ein Wort darauf, laufen zurück und übergeben den jeweils Zweiten die Stifte. Diese laufen zur Schreibfläche, schreiben ein zweites passendes Wort, kehren zurück und übergeben die Stifte an die Dritten usw.
Nachdem alle dran waren, muß bei jeder Gruppe ein **vollständiger, sinnvoller Satz** auf dem Blatt stehen.

WENIG VORBEREITUNG

**Fördert
Reaktion und
Geschick-
lichkeit**

Schweine-schwanz

ab Klasse 1   **Sitzordnung beliebig**   **alle**

Material: Zeichnung eines Schweins ohne Schwanz (Tafel),
„Schweineschwänze" (10 cm lange Schnüre mit
Tesafilm zum Festkleben), Kapuze oder Tuch zum
Augenverbinden

Auf der Tafel (oder auf Packpapier) wird ein Schwein ohne Schwanz
– etwa in Originalgröße – aufgezeichnet.
Das erste Kind hat die Augen verbunden und erhält einen „Schwei-neschwanz" mit einem Tesafilmstreifen, den es dem Schwein an der
richtigen Stelle anhängen soll.
Die Entfernung zum Schwein muß vom Alter der Kinder abhängig
gemacht werden.
Besonders lustig ist es, wenn ein Kind den „Schweineschwanz" an
einer völlig falschen Stelle anbringt.
Am Schluß wird verglichen. Wer den „Schweineschwanz" am besten
plaziert hat, ist Sieger.

WENIG
VORBEREITUNG

Der Schweineschwanz wird angeklebt.

	WENIG	
	VORBEREITUNG	

Spaß mit Toilettenpapier

Fördert Kreativität

ab Klasse 3 **Kreis** **alle**

Material: 1 Rolle Toilettenpapier (fest und rauh – so wie in Schultoiletten üblich), 1 Wolldecke

Jeder erhält ein Blatt von einer Rolle Toilettenpapier.
Die Wolldecke wird an die Wand oder an die Tür gehängt.
Es wird allen die Aufgabe gestellt, aus dem Blättchen einen Kopf zu reißen.
Man kann die Aufgabenstellung zunächst einmal vormachen:
Man faßt das Blättchen quer und fängt oben am Rande an, zuerst die Stirn reißen, dann die kleine Vertiefung an der Nasenwurzel, die Nase selbst (ungezählte Variationsmöglichkeiten!), Mund, Kinn und Hals, vielleicht auch noch ein Stück Brust.
Nun fängt man wieder oben an, Schädel, Hinterkopf und Genick werden gerissen. Schließlich kommt noch das Auge. Man faltet den gerissenen Kopf an der Augenstelle und reißt ein möglichst kleines Loch (große Augenlöcher ergeben dumme Gesichter) – und schon ist das „Porträt" fertig.
Es wird auf die Wolldecke gedrückt, wo es ohne weiteres an den Fasern haften bleibt.
Man wird erstaunt sein, was alles schon beim ersten Versuch herauskommt. Das Material ist äußerst werkgerecht, wie die fertigen Köpfe, die jetzt nach und nach auf die Wolldecke geheftet werden, beweisen.

WENIG VORBEREITUNG

Wem wird der Kopf wohl am ähnlichsten sein?

	WENIG VORBEREITUNG	

**Fördert
Reaktion und
Geschick-
lichkeit**

Spiegelspiel

ab Klasse 3   **Kreis**   **2 Kinder gegeneinander**

Material: 1 Tuch

Mitten auf der Spielfläche liegt ein Tuch. Zwei Kinder stehen sich
gegenüber. Zwischen ihnen liegt das Tuch. Das eine Kind spielt vor
und das andere muß genau nachspielen – so als sei es das Spiegel-
bild des anderen Kindes.
Irgendwann ergreift das vorspielende Kind das Tuch und läuft auf
seinen Platz. Das nachspielende Kind muß es schnell abschlagen.
Der Gewinner bittet einen neuen Gegner auf die Spielfläche.

**WENIG
VORBEREITUNG**

Beim Spiegelspiel ...

	WENIG	
	VORBEREITUNG	

Fördert Reaktion und Geschicklichkeit

Streichholz auf dem Mehlhügel

ab Klasse 2   **Kreis**   **2 oder mehr Kinder**
(Tisch in der Mitte)   **vor der Klasse**

Material: Mehl, 1 Teller, 1 Streichholz, mehrere Messer

Hierzu braucht man einen Tisch und einen großen Suppenteller. Auf diesen schüttet man einen kleinen Haufen Mehl und macht aus ihm einen steil ansteigenden und mit einer Spitze versehenen Hügel.
Auf diese Spitze wird ein Streichholz gesteckt.
Die Mitspieler tragen nacheinander mit einem Messer etwas von dem Mehlberg ab, ohne das aufrecht stehende Streichholz oben aus seiner Lage zu bringen.
Jeder darf nur einmal mit dem Messer schneiden, danach ist der Nächste dran. Bei wem das Streichholz umfällt, der scheidet aus.
Der Letzte ist der Sieger.

WENIG VORBEREITUNG

Szenen
erraten

ab Klasse 4   **Kreis**   **alle**

Material: Kärtchen, auf denen Wörter stehen

Ein Kind zieht ein Kärtchen, liest sich den Begriff durch und spielt eine kleine Szene. Wer den Begriff zuerst rät, darf die nächste Szene spielen.

Beispiele für Begriffe, die gut pantomimisch umsetzbar sind:

Waschmaschine,	Vegetarier,
Pellkartoffeln,	Lagerfeuer,
Hasenjagd,	Liebeserklärung,
Hellseherin,	Mondfinsternis,
Blinddarmoperation,	Boxkampf,
Güterzuglokomotive.	

Die Szenen werden pantomimisch – also schweigend gespielt, wenn aber gelegentlich ein Ausruf mit in das Spiel aufgenommen wird, sollte dies toleriert werden.

	WENIG VORBEREITUNG	

**Fördert
Reaktion und
Geschick-
lichkeit**

Telefonieren

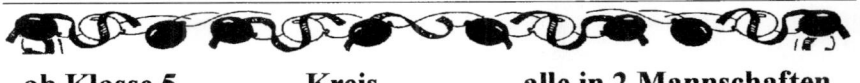

ab Klasse 5   **Kreis**   **alle in 2 Mannschaften**

Material: 1 Würfel, 1 kleiner Ball o.ä.

Es werden 2 Mannschaften gebildet. Die Spieler sitzen auf Stühlen hintereinander.
Alle Spieler (mit Ausnahme der beiden ersten) schauen zur Seite. Die Spieler jeder Gruppe halten sich an den Händen fest, so daß eine durchgehende Kette entsteht. Auf einem einzeln stehenden Stuhl liegt der Ball (evtl. auch ein Stückchen Holz, eine Wäscheklammer oder ähnliches). Auf der gegenüberliegenden Seite würfelt ein Mitarbeiter (siehe Skizze S. 148).

Zeigt der Würfel eine Zahl von 1 – 3 (oder eine bestimmte, vorher festgelegte Zahl), drückt der erste Spieler, der dies ja als einziger seiner Gruppe sieht, dem zweiten Spieler die Hand, der dem dritten usw. Kommt der Händedruck beim letzten Spieler an, versucht dieser schnell den Ball zu erwischen. Hat er ihn erbeutet, erhält seine Mannschaft einen Punkt. Es geht darum, den Händedruck möglichst schnell durchzugeben, damit der letzte Spieler vor seinem Gegner den Gegenstand fassen kann. Wird der Ball fälschlicherweise ergriffen, gibt es einen Minuspunkt.

WENIG
VORBEREITUNG

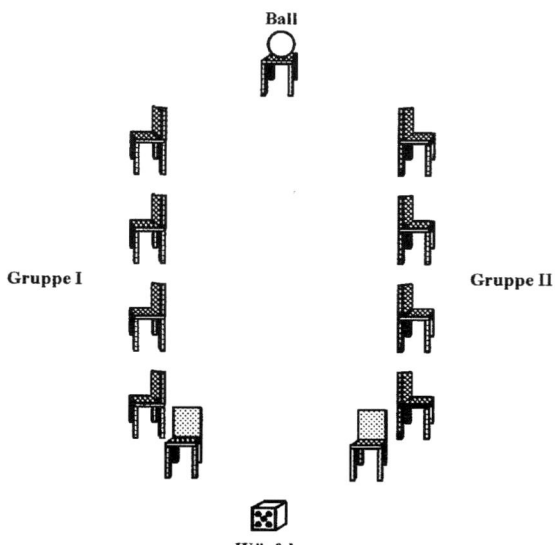

Ball

Gruppe I

Gruppe II

Würfel

**Fördert
Reaktion und
Geschick-
lichkeit**

Tischtennisball-
Transport

ab Klasse 4　　　　　　**Kreis**　　　　　**alle in 2 Gruppen**

Material: 2 kleine Bälle (z.B. Tischtennisbälle), 2 Teelöffel, 2 Tische

Zwei Gruppen sitzen sich im Kreis gegenüber. Vor jeder Gruppe steht
ein Tisch. Der erste Spieler jeder Gruppe erhält einen Löffel und
einen Tischtennisball.
Er steckt den Löffelstiel in den Mund, legt den Tischtennisball auf
den Löffel. Er soll nun den Ball vorsichtig über den Tisch transportieren. Zu diesem Zweck muß er auf den Tisch klettern und dann
über diesen kriechen – natürlich, ohne daß der Tischtennisball zu
Boden fällt.
Dann läuft er zu seiner Mannschaft zurück und übergibt Löffel und
Ball an den nächsten Mitspieler.
Fällt der Ball zu Boden, muß der Spieler zurück an den Start und
beginnt erneut, den Tisch zu „erklimmen".
Welche Gruppe ist zuerst fertig?

**WENIG
VORBEREITUNG**

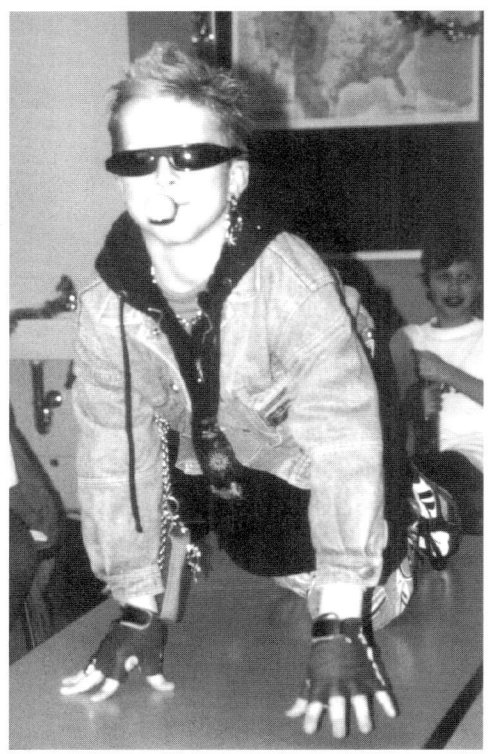

Der Tischtennisball wird vorsichtig transportiert.

	WENIG VORBEREITUNG	

Fördert

Tütenstaffel

Spannungsabbau

ab Klasse 1   **Kreis**   **alle in 2 Gruppen**

Material: Papiertüten in Klassenstärke (kostenlos beim Bäcker)

Die Klasse wird in zwei Gruppen aufgeteilt.
Jeder erhält eine Tüte.
Auf Startkommando hin muß der Erste seine Tüte aufblasen und zerplatzen lassen, indem er die aufgeblasene Tüte mit der flachen Hand zerplatzen läßt.
Wenn es knallt, darf der Zweite mit Blasen anfangen. Nichtknallende Tüten, sofern kein Materialfehler vorliegt, ergeben einen Minuspunkt für die jeweilige Partei. Welche Gruppe knallt zuerst die letzte Tüte?

Variante:
Macht auch mit Luftballons sehr viel Spaß, wobei man sich am besten auf den aufgeblasenen Luftballon setzt, um ihn platzen zu lassen. Bei Luftballons ist der Knall lauter. Von daher macht diese Variante Kindern noch viel mehr Spaß. Da der Luftballon nicht so leicht zerplatzt, muß man sich hier schon mit Schwung auf den Luftballon setzen. Die Dickeren sind hier endlich einmal im Vorteil!

	WENIG VORBEREITUNG	

152

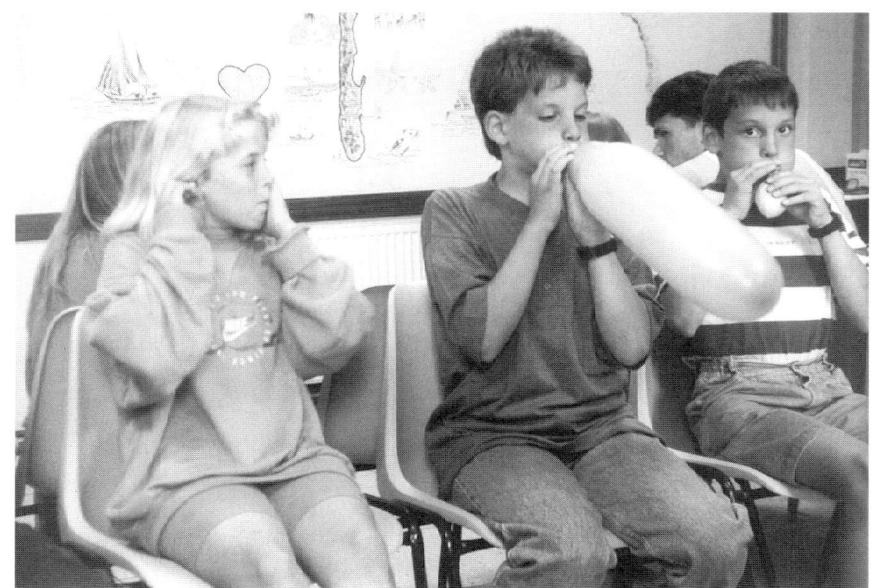

Der Luftballon platzt in Sekunden.

**WENIG
VORBEREITUNG**

**Fördert
Reaktion und
Geschick-
lichkeit**

Watte blasen

ab Klasse 4   **Tischgruppen**   **alle**

Material: kleine Wattebällchen

Die Kinder einer Tischgruppe setzen sich um ihre Tische und räumen sie völlig ab.
In die Mitte der Tische wird jeweils ein Wattebällchen gelegt. Auf Kommando bläst jeder das Wattebällchen von seinem Platz weg zu den anderen Spielern hin.
Derjenige, bei dem der Wattebausch vom Tisch fällt, scheidet aus.

**WENIG
VORBEREITUNG**

**Fördert
Reaktion und
Geschick-
lichkeit**

Watteflöckchen-
staffel

ab Klasse 4   **Kreis**   **alle in 2 Gruppen**

Material: Trinkstrohhalme, Watteflöckchen

Es wird in zwei Gruppen gegeneinander gespielt.
Jeder Spieler erhält einen Trinkstrohhalm in den Mund, mit dem er
ein Watteflöckchen ansaugen muß, während des Saugens muß er es
an seinen Nachbarn weitergeben. Dieser nimmt es auf und gibt es
wieder an seinen Nachbarn weiter. Fällt das Watteflöckchen herun-
ter, muß es ohne Gebrauch der Hände erneut aufgesaugt und wei-
tergetragen werden.

**WENIG
VORBEREITUNG**

155

Fördert

Beobachtung

Wecker suchen

ab Klasse 1   **Kreis**   **alle in 2 Mannschaften**

Material: 1 Wecker, 2 Augenbinden

Die Klasse wird in Mannschaften aufgeteilt. Jede Mannschaft schickt einen Vertreter, dem dann die Augen verbunden werden.
Sodann wird im Raum ein laut tickender Wecker versteckt. Die beiden Spieler versuchen, dem Ticken nachzugehen und den Wecker zu finden.
Wer ihn findet, hat für seine Mannschaft einen Punkt geholt. Die Zuschauer müssen sich ruhig verhalten. Hilfen durch die Zuschauer bedeuten Punktverlust.

Variante:
Statt dem Ticken des Weckers kann z.B. auch dem Duft von Weihnachtsgebäck nachgegangen werden.

Mit diesem Spiel können Hör- und Geruchssinn ausgezeichnet trainiert werden. Außerdem erzieht es auf spielerische Weise, Stille einzuhalten.

WENIG VORBEREITUNG

Fördert

Beobachtung

Wer ist das?

ab Klasse 3 **Sitzordnung beliebig** **2 Kinder vor der Klasse**

Material: Augenbinde, 2 Kochlöffel

Zwei Spieler sitzen sich gegenüber. Einem Spieler werden die Augen verbunden. Er bekommt dann in jede Hand einen Kochlöffel. Mit diesem soll er seinen Mitspieler abtasten und dann erraten, wer vor ihm sitzt.

Rät er falsch, muß er weiterraten, rät er richtig, löst der geratene Mitspieler ihn ab.

Mit dem Spiel wird der Tastsinn trainiert. Es ist aber schwieriger, als man vielleicht denkt.

	WENIG VORBEREITUNG	

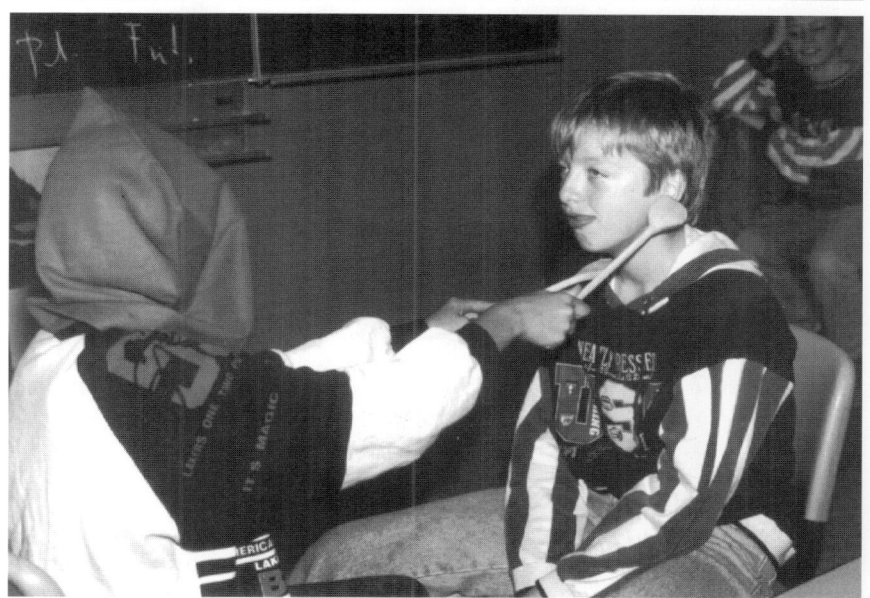

Michael wird mit zwei Kochlöffeln ertastet.

<table>
<tr><td></td><td>WENIG
VORBEREITUNG</td><td></td></tr>
</table>

**Fördert
Reaktion und
Geschick-
lichkeit**

Wettlauf der Wäsche-klammern

ab Klasse 2   **Kreis**   **alle in 2 oder mehr Gruppen**

Material: Schnur, 10 Wäscheklammern

Die Klasse wird in zwei oder mehr Gruppen aufgeteilt. In mindestens 10 Metern Entfernung von den Gruppen ist eine Leine zwischen 2 Stuhllehnen gespannt.
Der erste von jeder Gruppe bekommt fünf Wäscheklammern in die Hand gedrückt. Auf ein Startzeichen rennt er los zur Schnur und befestigt die Klammern daran. Nun läuft er wieder zurück auf seinen Platz. Erst jetzt rennt der zweite los, holt die Klammern wieder zurück und übergibt sie dem dritten in der Reihe. Dieser läuft wieder zur Leine und macht es wie der erste usw.
Sieger ist die Gruppe, die zuerst durch ist.

**WENIG
VORBEREITUNG**

Fördert

Denken und Gedächtnis

Wörter nennen

ab Klasse 3   **Kreis**   **alle**

Material: 1 Tuch oder 1 Ball

Einer wirft einem anderen einen Ball (oder ein zusammengeknotetes Tuch) zu.

Dieser muß dann in etwa 10 Sekunden 5 Wörter (je nach Alter mehr oder weniger) nennen, die mit dem Buchstaben beginnen, den der Werfer des Balles ihm noch zugerufen hat.

Löst der Spieler die Aufgabe nicht, scheidet er aus.

	WENIG VORBEREITUNG	

Projekt: Schwarzes Theater

Wer in der Schule Schwarzes Theater ankündigt, ruft unter Umständen Mißverständnisse hervor. Das Schwarze Theater hat nichts mit dem Schwarzen Humor der Engländer oder mit einem Trauerspiel oder übersinnlichen und obskuren Erscheinungen zu tun.
Die Arbeit mit dem Schwarzen Theater ist außerordentlich kreativ und stößt bei Kindern und Jugendlichen auf hohes Interesse und viel Motivation, sich für dieses Projekt einzusetzen. Außerdem wird bei Kindern auf spielerische Art und Weise eine hohe Bereitschaft, sich diszipliniert zu verhalten, erzeugt.

1. Die Idee des Schwarzen Theaters
Über die Vorläufer des Schwarzen Theaters kann man sich streiten. Es handelt sich wohl um eine Spielform, die aus China stammt. Schon der Kaiser von China hat sich offensichtlich vor Urzeiten an diesen Darbietungen erfreut.
Viele kennen das Schwarze Theater in Prag. Hier werden vor einem schwarzen Hintergrund helle Gegenstände durch schwarzmaskierte Schauspieler bewegt.
Die Grundlage des Schwarzen Theaters ist einfach. Eine schwarz ausgekleidete Bühne und Schauspieler, die von Kopf bis Fuß schwarz angezogen sind, bilden die Voraussetzung. Selbstverständlich tragen die Schauspieler Kapuzen, die einen Sehschlitz haben. Besonders gut wird das Schwarze Theater durch ein Zitat von Novalis charakterisiert: „Die Welt wird zum Traum und der Traum zur Welt"

2. Schwarzlichttheater für die Schule
Im schulischen Bereich, empfiehlt es sich das Schwarzlichttheater zu praktizieren. Hier werden von schwarzvermummten Schauspielern ebenfalls vor schwarzem Hintergrund und auf schwarzem Boden Gegenstände in Schwarz-Licht bewegt. Dabei sind die Gegenstände mit fluoreszierenden Farben versehen. Es entsteht dadurch der Eindruck, daß sie sich im Raum frei bewegen. Sie können auftauchen, aber auch wieder verschwinden. Der Phantasie sind dabei keine Grenzen gesetzt.

VORBEREITUNG

Schwarzes Theater ist mit Schwarzlichtlampen einfach durchzuführen.

Es gibt zwei Möglichkeiten: Die Leuchtstoffröhre, die sofort einsetzbar ist und die Schwarzlichtscheinwerfer, die nach wenigen Minuten ihre volle Leistung erreichen. Preisgünstiger sind die Leuchtstoffröhren. Es genügt, wenn man mit 2 Röhren arbeitet. Sie sind ohne Schwierigkeiten im Elektrofachhandel erhältlich.[1]

So kann man schon mit 2 Leuchtröhren von 1.20 Meter Länge vor einem schwarzem Tuch als Hintergrund arbeiten. Man benötigt nicht sofort eine Bühne.

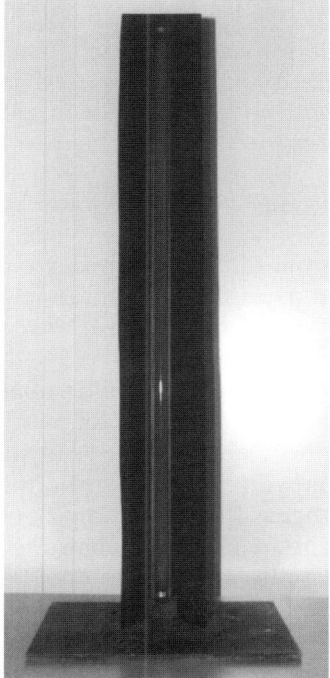

Eine Schwarzlichtröhre im Kasten

---

[1] Zu empfehlen ist die Philipps TL/D 36 Watt / 08. Sie ist 120 cm lang und kostet mit Fassung ca. 80,- DM. Es gibt unterschiedliche Längen - je nach Wunsch.

VORBEREITUNG

3. Bühnen- und Zuschauerraum

Ein schwarzer Bühnenraum läßt sich ohne Schwierigkeiten herstellen, wenn man ein Gartenzelt mit schwarzen Stoffbahnen behängt und auch den Boden mit schwarzem Material auslegt. Dabei ist es keinesfalls notwendig, daß hier Samt verwendet wird. Einfacher schwarzer Baumwollstoff (Restrollen) für den Hintergrund und schwarze Plastikfolien (aufgeschnittene Müllsäcke) für den Boden und die Decke sind absolut ausreichend. Die im Handel erhältlichen preiswerten Gartenzelte (oft als Sonderangebote schon ab 70,— DM) haben einen Umfang von 3x3 oder 4x4 Metern. Sie eignen sich ausgezeichnet als Bühnenraum. Natürlich müssen das Gestänge und auch der zu dem Zelt gehörige Leinenstoff schwarz gestrichen werden.

Man kann sich so eine schwarze Box schaffen, die zu den Zuschauern hin geöffnet ist. In die Öffnung plaziert man die Schwarzlichtlampen. Sie können einfach auf den Boden gelegt werden. Zum Zuschauerraum hin sollten sie mit einer kleinen Blende versehen werden.

Hat man vier Lampen zur Verfügung kann man zwei Röhren aufrecht stellen.

Günstig ist es, außen um die schwarze Box eine bunte Weihnachtslichterkette zu hängen. Dies führt zu einer optischen Täuschung des menschlichen Auges, so daß der Eindruck entsteht, das Innere dieses Bühnenraumes sei total schwarz.

Auch der Zuschauerraum muß nicht völlig abgedunkelt sein (zumindest nicht hunderprozentig). Hat man keine Möglichkeit, überhaupt abzudunkeln, spannt man einen Tüll- oder Gazevorhang auf einen Rahmen und bringt ihn direkt vor der Bühnenöffnung an. Er hat den Vorteil, daß er ungewollte Lichteinwirkungen abschwächt und das Spiel auf der Bühne in einem weichen Licht erscheinen läßt.

Der Zuschauer selbst sollte keinesfalls die Beleuchtung sehen können. Um dies zu erreichen, kann man für die Schwarzlichtröhren flache Kästen mit Blenden konstruieren. Sie können dann gelegt oder gestellt werden. Ein solches Vorhaben ist im Polytechnikunterricht problemlos realisierbar.

4. Ausstattung der Spieler

Die Spieler benötigen für ihren Auftritt eine schwarze weite Hose, einen Pulli, eine Kapuze, schwarze Socken und schwarze Handschuhe. Sie sollten möglichst durch die Kapuze hindurchsehen können.

VORBEREITUNG

Man kann von daher zwei Öffnungen für die Augen lassen oder aber ein Augenfenster machen, hinter das man einen schwarzen Gazestoff klebt, so daß man die Augen nicht von außen sieht.

5. Spielvorschläge und geeignete Materialien

Man beginnt in der Regel mit ganz kleinen Szenen, die ausschließlich an Musik gebunden sind und bei denen nicht gesprochen wird.
Hier bewegen Kinder bestimmte Gegenstände. So kann man einen Gegenstand, der erscheinen soll, mit einem schwarzen Tuch abdekken und dann langsam oder schnell das Tuch wegziehen. Auch größere Gegenstände oder Personen können hinter einem Tuch verborgen sein, das man fallenläßt oder langsam nach unten oder oben aufrollt.
Für kleine Szenen werden unterschiedliche Stoff- oder Papierreste verwendet, wobei man allerdings den jeweiligen Farb- und Leuchteffekt mit der Schwarzlichtröhre überprüfen muß.
Es hat sich bewährt, mit bestimmten Materialien zu arbeiten.
So kann man weiße **Styroporkugeln** mit fluoreszierender Farbe bemalen oder besprayen, wobei sie allerdings vorher mit einem Lack grundiert werden sollten. In diese Kugeln spießt man einen schwarzen Holzstab, so daß man die Kugeln gut führen kann. Solche Kugeln bekommt man bei jedem Floristen.
Die Kugeln können nun an bestimmten Stellen auf der Bühne plaziert werden, sie können durch den Raum schweben, es können aber Kombinationen mit mehreren Kindern nach Musik durchgeführt werden. So zeigt beispielsweise das Foto auf S. 164 einen Ausschnitt aus einer Nummer von Kindern aus der Klasse 5, die eine wunderschöne Szenenfolge nach der Musik „Phantom of the Opera" entworfen haben. Dabei schweben die Kugeln von oben nach unten, bilden einen Kreis, Dreierkombinationen oder eine Pyramide etc.

VORBEREITUNG

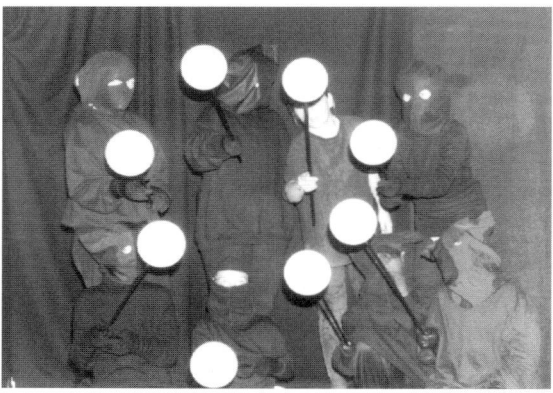

Eine Nummer mit Kugeln – oben bei der
Probe, unten bei der Aufführung
(Musikvorschlag: Phantom of the Opera)

Schön ist es auch, mit **Tüchern** zu arbeiten, die durch die Luft schweben können, wenn an einem Zipfel ein dünner, fester schwarzer Zwirn befestigt wird. So bewegt man die Tücher nach Musik eindrucksvoll durch den gesamten Bühnenraum.

Auch der Einsatz von **Stöcken** macht viel Spaß. Dabei sind die Stökke fluoreszierend gelb oder rot gestrichen oder mit weißem Papier umklebt (erscheint im Schwarzlicht dann bläulich). Ein Teil des Stokkes ist schwarz gestrichen. Dies ist die Grifffläche. Mit den Stöcken lassen sich unterschiedlichste Kombinationen herstellen. Die Stöcke können durch den Raum schweben und unterschiedliche Formatio-

VORBEREITUNG

nen, Dreiecke oder Quadrate bilden. Man kann sie in der Hand drehen, wobei ganz besonders schöne Lichteffekte entstehen. All dies
erfolgt ebenfalls nach Musik.

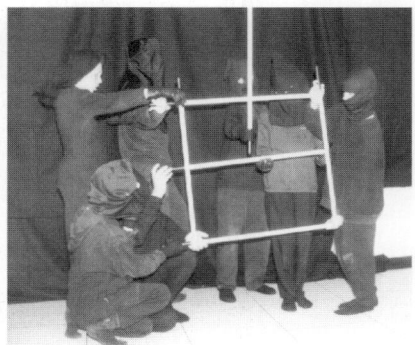

*Eine Nummer mit Stöcken – links bei der Probe, rechts bei der
Aufführung (Musikvorschlag: Paradise Lost)*

Als außerordentlich effektives Material erweisen sich **weiße Bän-
der**. Allerdings ist darauf zu achten, daß normale Stoffbänder nicht
ausreichend leuchten. Günstiger ist es Satin – es muß nicht der
teuerste sein – zu verwenden, der sehr stark fluoresziert. Jedes Kind
erhält ein zu einem Kreis zusammengenähtes Band, das ca. 1,20 m
lang ist. Das Band wird mit einem Fuß und beiden Händen oder
beiden Füßen und Händen gehalten, wobei unterschiedliche Schritt-
und Bewegungskombinationen (seitlich) nach Musik gemacht werden, was faszinierend aussieht.

VORBEREITUNG

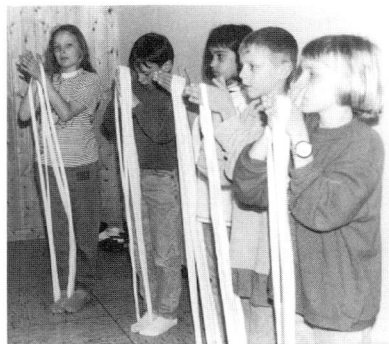

Eine Nummer mit Bändern – links bei der Probe, rechts bei der Aufführung (Musikvorschlag: Bolero von Ravel)

Es ist aber auch denkbar, daß Szenen nur mit **weißen Handschuhen** gestaltet werden. Auch hier sind Kombinationen denkbar. Mit einer Klasse 5 wurde sogar eine Nummer mit **weißen Socken** als Parodie zu dem Lied „Mief" durchgeführt.

Aus **fluoreszierender Pappe** können die Kinder Blumen oder Masken anfertigen. Die Blumen kann man als Blumengarten auf der Bühne hinter Tüchern erscheinen oder wieder verschwinden lassen. Man kann die Blumen drehen. Beeindruckend ist, wenn 25 große Blumen auf der Bühne erblühen und wieder verblühen.
Man kann aus einem fluorezierenden Plakatkarton auch einen Zylinder anfertigen, auf den mit anderen Papierelementen ein Gesicht geklebt wird. Diesen Zylinder trägt der in schwarz gekleidete Spieler als **Maske** auf seinem Kopf. Es entstehen verblüffende Effekte auf der Bühne.
Schließlich ist es natürlich auch möglich, **ganze Szenenabfolgen** darzustellen:
– Skelette, die sich bewegen und in ihre Teile zusammenfallen;
– eine Raupe, die auf einer Linie gleitet und tanzt;
– ein Musikclown, aus dessen Trompete Noten schweben usw.
Es ist wichtig, darauf zu achten, daß die Szenen nicht zu lang sind und daß die Kinder genügend Zeit haben, sie präzise einzuüben.
Die hier abgedruckten Fotos geben einige Anregungen, aber letztlich ist es der Phantasie der Kinder und der Lehrkraft überlassen, wie ihre Szenen aussehen können.

VORBEREITUNG

Verbindliche Empfehlungen für die **Musik** lassen sich nicht geben, da dies natürlich Geschmacksache ist. Dennoch kommt der Musik eine besondere Bedeutung zu. Man sollte für die Auswahl sehr viel Zeit verwenden.

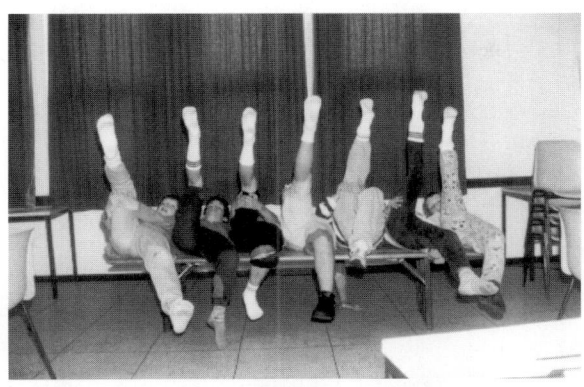

Eine Nummer mit Socken – oben bei der Probe, unten bei der Aufführung (Musikvorschlag: Mief von den Doofen)

VORBEREITUNG

Alle Blumen sind erblüht.

Die Raupe tanzt auf einer Schnur
(Musikvorschlag: Harry-Lime-Thema)

VORBEREITUNG

Projekt: Inseln des Erzählens

Kinder lieben es, wenn ihnen Geschichten vorgelesen werden, aber sie genießen es ebenso, wenn sie selbst Geschichten erfinden und erzählen.

Das Geschichtenerzählen hat für Kinder eine ganz wichtige Funktion. Es ist die Form, in der sie am liebsten miteinander, aber auch mit Erwachsenen, kommunizieren.

Das Projekt „Inseln des Erzählens" regt Kinder an, selbst Geschichten zu erfinden und befähigt sie, den Geschichten anderer zuzuhören.

Die Klasse wird in mehrere Gruppen aufgeteilt. Je nach Anzahl der Kinder ist es günstig 3 bis 5 Gruppen zu bilden. Eine Gruppe besteht aus höchstens 6 bis 8 Kindern. Jede Gruppe erhält zwei Würfel mit 1-6 Augen und Erzählpunkte, die von einem Kind verwaltet werden.

Dabei gibt es Erzählpunkte mit der Aufschrift **„gut erzählt = 1 Erzählpunkt"** und **„prima erzählt = 2 Erzählpunkte".**

In jeder der Erzählinseln werden nun Sätze oder Geschichten erzählt. Dabei gibt es für jede Erzählinsel bestimmte Spielregeln, mit denen geregelt wird, wann und wie man erzählen darf. Grundsätzlich gilt aber für alle Erzählinseln: Wer **einen Satz** erzählt, erhält **einen Erzählpunkt** mit der Aufschrift „gut erzählt"; wer aber schon eine **Geschichte** erzählen möchte oder kann, erhält ein Kärtchen mit der Aufschrift „prima erzählt" = **zwei Erzählpunkte**.

Das Spiel kann über mehrere Unterrichtsstunden fortgeführt werden. Dann werden die Erzählpunkte gesammelt. Sie können am Schluß gegen kleine Preise aus einer „Schatztruhe" eingetauscht werden. Dabei sollte es sich nur um kleine Belohnungen handeln. So kann man beispielsweise folgende Regelung treffen: 1 – 10 Erzählpunkte: 1 Lolli; 11 – 20 Erzählpunkte: ein kleiner Flummiball; 21 – 30 Erzählpunkte: 1 Turbolutscher. Es ist aber auch möglich ganz

VORBEREITUNG

andere kleine Preise auszuwählen wie Bilder, Autos, Kaugummi, Überraschungseier, Spielfiguren etc.

Die Belohnung mit Erzählpunkten ist wichtig, da hierdurch Kinder, denen es schwerer fällt, sich etwas auszudenken und zu formulieren, ermutigt werden, kleine Geschichten zu erfinden.

Insel 1: Das Spielbrett der 1000 Geschichten

Die Gruppe erhält ein Spielbrett, das nach dem Muster auf Seite 175 angefertigt ist und 20 Spielfelder enthält. Es sollte DIN A 3 groß sein.
Auf jedem Feld stehen kleine Gegenstände oder Figuren:
– etwa zu einem Drittel kleine Figuren, die mit bestimmten Menschen in Verbindung gebracht werden können (wie Familienmitglieder, verschiedene Berufsgruppen: Arzt, Krankenschwester, Polizist, Lehrer etc.),
– zu einem weiteren Drittel Tiere (Zoo, Wildnis, Haustiere)
– und im letzten Drittel Gegenstände des täglichen Gebrauchs (Babyflasche, Messer, Pistole, Lippenstift, Knete, usw.), aber auch kleine Autos (Polizeiauto, Feuerwehrauto, Krankenwagen).
Wem nicht genügend Gegenstände zur Verfügung stehen, kann das Besorgen auch den Kindern übertragen. Man bittet dann jede Tischgruppe insgesamt 24 Figuren und Gegenstände mitzubringen. Diese werden unter den Gruppen ausgetauscht, so daß keiner zu den eigenen Gegenständen erzählt.
Gegenstände und Figuren werden auf das Spielbrett gestellt. In jedem Feld befindet sich also eine Figur oder ein Gegenstand.
Die jeweilige Spielrunde ist spätestens zu Ende, wenn keine Gegenstände mehr auf den Feldern stehen.
Es wird reihum gewürfelt. Das erste Kind beginnt zu würfeln. Hat es eine **6** gewürfelt, darf es einen Gegenstand oder eine Figur aus dem Spielbrett wählen. Es kann nun zu dieser Figur einen Satz sagen – oder aber auch eine kleine Geschichte erzählen.
Nehmen wir an, das Kind nimmt ein Feuerwehrauto vom Spielbrett. Es kann nun beispielsweise sagen „Gestern habe ich ein Feuerwehrauto gesehen". Dann hat es zu dem Gegenstand einen Satz gesagt. Es erhält von dem Kind, das die Erzählpunkte verwaltet, den Erzählpunkt mit der Aufschrift „gut erzählt = 1 Erzählpunkt" (s. Seite

176) Es kann aber auch eine kleine Geschichte erzählen, in der das Feuerwehrauto eine Rolle spielt. Wenn die anderen Kinder das Erzählte als eine Geschichte akzeptieren, erhält das Kind die Punktekarte mit der Aufschrift „prima erzählt = 2 Erzählpunkte".

Würfelt es nun **2 x die 6,** darf es zwei Gegenstände nehmen und kann nun zu beiden Gegenständen einen Satz sagen oder eine Geschichte erfinden, in der beide Gegenstände vorkommen.

Es erhält natürlich auch doppelte Punktzahl: für einen Satz zwei Erzählpunkte und für eine Geschichte vier Erzählpunkte.

Bedingung ist immer, daß die Geschichten frei erfunden sind. Sie dürfen nicht aus Büchern oder aus dem Fernsehen stammen. Danach würfelt das nächste Kind mit 2 Würfeln. Die Chance zu erzählen ist 3:1.

Gegenstände und Figuren, über die bereits eine Geschichte erzählt oder ein Satz gesprochen wurde, werden nicht mehr auf das Spielbrett gestellt.

Hierbei ist es nicht zwingend notwendig, daß die Lehrkraft mitspielt. Sie kann von Gruppe zu Gruppe gehen und bei jeder einen Moment zuhören. Es ist aber auch denkbar, daß sie einmal mitwürfelt, um selbst eine kleine Geschichte zu erzählen (oder auch nur einen Satz zu sagen).

Insel 2: Fühlen und erzählen

Bei dieser Tischgruppe liegt ein Fühlsack auf dem Tisch. In diesem befinden sich unterschiedliche Gegenstände. Es können Dinge aus dem täglichen Leben, aber auch Spielwaren sein.

Wieder wird mit 2 Würfeln gewürfelt und wieder verwaltet ein Kind in der Gruppe die Erzählpunkte.

Hat ein Kind nun eine **6** gewürfelt, darf es den Fühlsack in die Hand nehmen und mit der anderen Hand von außen fühlen. Dabei kann es einen Gegenstand wählen, muß aber den Gegenstand in dem Sack lassen.

Es hat nun die Möglichkeit, einen Satz zu dem ertasteten Gegenstand zu sagen oder eine Geschichte zu erzählen. Da der Gegenstand nicht aus dem Sack herausgenommen wird, weiß keines der Kinder, um was für einen Gegenstand es sich tatsächlich handelt. Es ist ausschließlich der Gegenstand, den sich das Kind vorstellt.

VORBEREITUNG

Würfelt das Kind **2 x die 6**, so kann es zweimal tasten und die vermuteten Gegenstände in einen Satz oder eine Geschichte einbauen. Es erhält dann wieder doppelte Punktzahl.

Was könnte es wohl sein?

Insel 3: Der Monstersack

Mitten auf dem Tisch wartet ein Monstersack auf die Kinder. Es wird wieder nach den gleichen Regeln verfahren. Hat ein Kind eine **6** gewürfelt, kann es aus dem Sack ein Monster ziehen und zu diesem Monster einen Satz oder eine Geschichte erzählen. Bei zwei Sechsen darf es natürlich zwei Monster ziehen. Die Bepunktung erfolgt wie oben beschrieben.

Gerade der Monstersack ist bei Kindern außerordentlich beliebt und motiviert sie im hohen Maße, Geschichten zu erfinden.

VORBEREITUNG

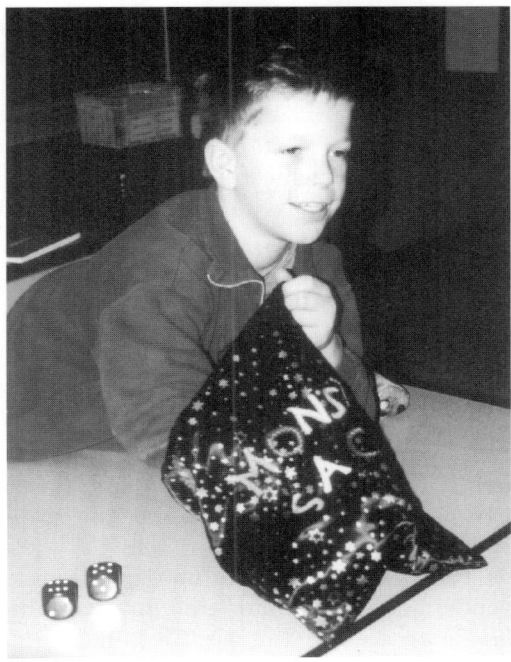

Ein schreckliches Monster ist der Held meiner Geschichte.

Insel 4: Wählen und Erzählen

In diesem Sack befinden sich lauter Gegenstände aus dem täglichen Leben (z.B. Messer, Gabel, kleiner Teller, Tasse usw.). Wer eine **6** gewürfelt hat, zieht einen Gegenstand und nimmt ihn aus den Sack heraus. Wieder können ein Satz oder eine Geschichte erzählt werden.

Insel 5: Der Wörtersack

In dem Wörtersack befinden sich ca. dreihundert Wörter, die auf Kärtchen aufgeklebt sind.

VORBEREITUNG

Hier wird jetzt nach einer leicht veränderten Spielregel verfahren: Würfelt ein Kind eine **6**, so zieht es aus dem Sack soviel Wörter wie der zweite Würfel Augen anzeigt – hat es z.B. auf dem zweiten Würfel 4 Augen, dann zieht es 4 Wörter – würfelt es **zweimal die 6**, zieht es 6 Wörter. Aus den Wörtern kann es nun einen Satz bilden. Es kann aber auch eine Geschichte erzählen in der die Wörter vorkommen. Doppelte Punktzahl ist in dieser Runde nicht möglich.

Hinweise zur Durchführung in der Klasse

Arbeitet man in der Klasse mit allen 6 Erzählinseln, können die Kinder natürlich nicht alle Inseln in einer Schulstunde durchlaufen. Man sollte ihnen pro Insel ca. 20 – 25 Min. Zeit geben. Dies bedeutet aus der Praxis heraus, daß etwa jedes Kind in jeder Gruppe eine Geschichte erzählt hat. Das ganze Spiel sollte über mehrere Unterrichtsstunden durchgeführt werden, so daß die Kinder ihre Erzählpunkte über mehrere Stunden hin sammeln.
Wer eine Blockstunde zur Verfügung hat, kann die letzten 15 Minuten dazu verwenden, daß die Kinder eine ihrer Geschichten aufschreiben dürfen, die sie an diesem Tag erzählt haben. Die Kinder können sich aussuchen, welche Geschichte sie aufschreiben möchten. Natürlich erhalten sie für das Aufschreiben grundsätzlich 2 Erzählpunkte.

VORBEREITUNG

Erzählbrett

VORBEREITUNG

gut erzählt

1 Erzählpunkt

prima erzählt

2 Erzählpunkte

Der
Utensilienkoffer

Wer Spiele im Rahmen des Unterrichts durchführen möchte, ist gut beraten, wenn er sich einen sogenannten „Utensilienkoffer" einrichtet. Dann ist er für alle Spiele, die wenig Vorbereitung erfordern, gewappnet. Das Zusammenstellen der Materialien nimmt zwar etwas Zeit in Anspruch. Viele der Materialien sind jedoch ohne Schwierigkeiten zu beschaffen. Steht nun der Utensilienkoffer in der Schule, kann man ohne große Vorbereitung eine Spielstunde oder ein Klassenfest etc. durchführen.

Der Utensilienkoffer sollte folgende Dinge enthalten:

- Büroklammern
- unterschiedliche Nägel
- Sicherheitsnadeln
- Garn
- Spagatschnur
- etwas Draht
- 2 Trillerpfeifen
- Klebeband
- Klebstoff
- Watte
- 2 Kapuzen zum Augen verbinden
- Strohhalme
- ein Sortiment von Kulis oder Stiften
- Karteikarten

- Reißzwecken
- Pinnägel
- Wäscheklammern
- Nähzeug
- Schnur
- Gummiringe
- Luftballons
- Scheren
- Würfel
- Tischtennisbälle
- 2 Tücher
- Papier
- Kreide

178

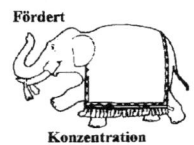

Fördert

Konzentration

Konzentration

Fördert

Spannungsabbau

Spannungsabbau

Denken und Gedächtnis

Reaktion und Geschicklichkeit

Kreativität und Phantasie

Beobachtung

Literaturverzeichnis

Giese, M.: Winnig, G.: Aufenthaltsspiele. Köln: Bund. 1983.

Griesbeck, J.: Spiele für Gruppen. München: Don Bosco. 1980.

Schweiher, G.: Komm spiel mit. Mainz: Grünewald. 1977.

Kelber, M (Hrsg): Schwalbacher Spielkartei. Mainz: Grünewald. 1985.

Kersten, R.: Schwarzes Theater. Frankfurt (Main): Puppen und Masken. 1990.

Reinhardt, F. u. U.: Schwarzes Theater. Anleitung und Spielideen. München: Don Bosco. 1991.

Röschmann, D.: Heitere Spiele zur Auflockerung. Hamburg: Windmühle. 1991.

Roth, P.: 50 Scherzspiele. Heidelberg: Kemper. 1962.

Scheller, Th.: Die fröhliche Runde. Bad Godesberg: Voggenreiter. 1973.

Schmidt, G.: 100 Freizeit-Spiele. Berwang/Tirol: Steiger. 1989.

Sloane, P.: Lateral Thinking Puzzles. New York: Sloane. 1991.

Vohland, U.: Neue Spiele für draußen und drinnen. Köln: Bund. 1988.

Raum für Notizen:

Konzentration und Entspannung

Dieter Krowatschek

Überaktive Kinder im Unterricht

Ein Programm zur Förderung der Selbstwahrnehmung,
Strukturierung, Sensiblisierung und Selbstakzeptanz
unruhiger Kinder im Unterricht und in der Gruppe

1996, XII/188 S., mit zahlreichen Kopiervorlagen,
Format DIN A4, im Ordner, ISBN 3-86145-099-2,
Bestell-Nr. 8377,DM 78,00

Entspannung in der Schule

Anleitung zur Durchführung von Entspannungsverfahren
in den Klassen 1-6

„Die Traumreisen haben wie ein Haupttreffer in der Losbude
eingeschlagen. Die Kinder entspannen sich mit Begeisterung,
verbalisieren anschließend ihre Empfindungen und gehen gelassener
den nächsten Arbeitsschritt an. / Praxisnah! Wird auch von schwierigen
Kindern angenommen!" LeserInnenzuschriften
3. Aufl. 1997, 112 S., mit Farbabb., DIN A 5, Ringbindung, Buch und
Musikcassette im Schuber,
ISBN 3-86145-107-7, **Bestell-Nr. 8368, DM 49,80**

Marburger Konzentrationstraining

Kopiervorlagen-Mappe

3., unveränd. Aufl. 1997, 184 S., davon 80 Kopiervorlagen,
Format DIN A 4, im Ordner, ISBN 3-86145-053-4
Bestell-Nr. 8365, DM 78,00

Marburger Konzentrationstraining als Computerprogramm

Technische Voraussetzungen: mindestens 386er PC,
Super-VGA-Graphikkarte, DOS 3.2 und höher, mindestens
38 MB freier Festplattenspeicher, Maus.
1996, vier 3 1/2" Disketten mit Begleitheft (ca. 40 S.), im
Schuber, ISBN 3-86145-122-0
Bestell-Nr. 9014, DM 69,80

Porto- und nachnahmefreie Lieferung.:

borgmann publishing

Hohe Str. 39 • D-44139 Dortmund
Telefon (0180) 534 01 30
Telefax (0180) 534 01 20